懂法律，成交更简单

游森然 著

中信出版集团 · 北京

图书在版编目（CIP）数据

懂法律，成交更简单 / 游森然著 . -- 北京 : 中信出版社, 2018.6 (2020.11重印)

ISBN 978-7-5086-8977-7

I. ①懂… II. ①游… III. ①保险业务－销售 IV. ①F840.4

中国版本图书馆CIP数据核字（2018）第101895号

懂法律，成交更简单

著　　者：游森然
出版发行：中信出版集团股份有限公司
（北京市朝阳区惠新东街甲4号富盛大厦2座　邮编　100029）
承 印 者：北京诚信伟业印刷有限公司

开　　本：880mm×1230mm　1/32　　印　　张：8　　字　　数：141千字
版　　次：2018年6月第1版　　印　　次：2020年11月第9次印刷
书　　号：ISBN 978–7–5086–8977–7
定　　价：60.00元

目 录

序 言

什么是法商？法商的全称是法治商数。法是规则，商是创新，商无法不兴，商无法不稳，法时时刻刻影响着商业行为。精商明法，敏思善行，法商融合，大势所趋，这是在全面依法治国大背景下，人们必须拥有的一种思维方式。这个问题我们可以从时代偶像的变化中看出端倪。现在活跃在商场上的“50后”“60后”“70后”的商人偶像是谁？“80后”“90后”的商人偶像又是谁？前者普遍崇拜胡雪岩，后者将马云、任正非等企业家奉为自己的偶像。胡雪岩是何人？他是中国古代政商关系的代表，但是他终其一生没有创立一家在当时具有商业核心竞争力的企业。马云通过阿里巴巴实现了“让天下没有难做的生意”的目标，任正非也实现了“世界第一通信强企”的目标。偶像的变化意味着大众价值取向的变化，以“80后”作为分水岭，他们更加相信市场的选择。而我国的财富，目前大多数仍然掌握在“50后”“60后”“70后”手中，而他们更加相信“关系”。我经常在公开演讲时问听众：在中国做事靠关系还是靠实力呢？大家基本上会回答“靠关系”。我听过的最经典的回答是：“关系本身就是实力的一部分。”我们不难发现，大公司的关系一定不坏，绝大多数的关系还很好。但是，最终让商人畏惧的还是国法。

我观察了很久，在对法律的态度上，中国商人可以分为两类，但是他们有一个共同点，那就是很会处理关系，都可以靠关系把事情办成。二者的区别在于一类商人在办事的时候非常迷信关系的力量，忽略事情本身的合法性，无论事情的过程和结果都经不起法律的推敲。而另一类商人宁愿慢一点儿，少挣一点儿钱，却非常在乎合法性。你会发现前者的生意做不长久，而后者的生意基本上呈逐年稳步上升的态势。这两类商人做事的差距，说白了就是法商的差距。纵观我国的历史，政商界精英古代有范蠡、吕不韦，近代有胡雪岩，但能全身而退的很少，就算侥幸全身而退，也大都散尽家财。论综合实力，他们的行事方式和风格均能成为后世学习的商界典范，但和当代中国的很多富人一样，他们很难感觉到最终的“安全感”。为什么？其原因在于，安全感的来源不是关系，而是法律。对法律的信仰、敬畏和运用才是获得安全感的根本途径。现在谈论这个话题，正当其时。

因此法商就是，“当你要达到一个目的的时候，你是否在乎法律的规定，尤其是你的关系是否足以使你达到这样的目的，而且你是否能慢一点儿、规范一点儿，每一步都合法合规”。在金融工具的利用上，你会发现，如果金融风险没有管理好，那么你最终不得不选择法律途径解决问题。法律意味着事后冰冷、撕裂、充满仇恨的对峙，而金融工具意味着事前温暖、和谐、充满关爱的筹划。

业绩明星代理人的标志是不断变化的。1996—2005 年，单子做得很多的代理人，是非常受市场追捧的，尤其是很多做家庭保单的代理人，一年做几百件单子也不是难事。那时候的保单基本上都是健康保障类保险。2006—2017 年，这段时间的风向标每年都会发生变化，理财储蓄类保险越发受到市场青睐。未来十年，国家会在私人财富领域进行系统的税制改革，保险传承、资产隔离功能将愈加凸显。我国“创一代”（1955—1970 年的企业家）的角色，将逐渐从企业管理向家族财富管理转变。可以预见的是，做超高保额的产品会成为业绩明星在未来的转型方向，为一个客户规划 5 亿元、10 亿元保额的终身型寿险，既可以提前锁定客户的资金实力，也可以有效地进行定向财富传承。而且根据已经颁布遗产税国家的经验，寿险死亡赔付金也可以有效地规避遗产税。

从健康险到理财险，从理财险到超高保额的终身型寿险，这一转变过程表明保险需求不断变化，体现出国人财富意识的觉醒。“保险姓保”，我认为有三层含义：第一，保障，这是上文提到的第一个阶段；第二，保有，理财险的一个重要功能是隔离资产，达到专属的目的；第三，保证，保证自己的财富延续和传承。

人寿保险属于一种金融工具，任何一种金融工具都具备三性：收益性、流动性和安全性。投资储蓄类保险的销售从哪个点切入，显得尤为重要。首先，收益性。保险收益稳定且持续，但是收益不高，因为预定利率低。[①]虽然很多年金保险具有万能账户，可以进行二次增值，但是万能账户的收益是不确定的，它的收益和保险公司绑定该账户的资金的投资收益有关。万能账户的保底收益根据各家公司设定的收益范围，大约在 1.75%~3.5%。虽然长期累积起来的收益很可观，但货币是具有时间价值的，简单地说，未来的钱很可能不值钱，因为钱的购买力可能会持续下降。由此可见，收益性显然不是人寿保险的卖点。其次，流动性。保险的流动性和现金价值、账户价值以及合同约定的贷款比例直接相关。从中国保险监督管理委员会[②]2016 年 9 月 6 日发

---

① 1999年6月制定的国内寿险预定利率上限为2.5%。2013年8月15日开始，普通型人身保险实行新费率政策，其预定利率不再有2.5%的上限，法定评估利率为3.5%。普通型养老年金或保险期间为10年及以上的其他普通型年金保单，保险公司采用的法定责任准备金评估利率可适当上浮，上限为法定评估利率的1.15倍和预定利率的小者。也就是说，预定利率现在最高可以为4.025%。

② 2018年3月，根据第十三届全国人民代表大会第一次会议批准的国务院机构改革方案，不再保留中国保险监督管理委员会，组建中国银行保险监督管理委员会。这本书为说明2017年之前的政策法规，均沿用旧称。——编者注

布的文件《中国保监会关于进一步完善人身保险精算制度有关事项的通知》[①]可以看出，保单现金价值贷款比例最高不得高于保单或者账户价值的 80%，而现金价值根据险种的不同有很大差别，目前我国理财类保险产品缴费期满以后，平均现金价值可以占到总保费的 65%~90%。由此我们可以得出结论，人寿保险的流动性会相对受到限制。在流动性方面，人寿保险相对于银行其他理财产品（绝大多数理财产品不可以提前赎回或转让，在购买期资金是全部被锁死的）具有一定优势，但是这仍不是卖点。最后，安全性。我认为安全性是理财险的核心卖点。但是安全性只是一个概念，需要用法律知识来演绎，如何落地并结合产品对这个概念进行透彻的分析，不是一件简单的事情。

如何使人明白理财险的安全性？首先要弄清楚保险的功能和签单的本质。

签单是一种营销结果，由两方面的因素决定。

一方面，签单等于价值加上利益。所谓利益，简单来说就是很多保险公司和银行对客户常用的利益交换，比如购买多大金额的保险或者理财产品，保险公司或者银行会送给购买者相应的礼

① 《中国保监会关于进一步完善人身保险精算制度有关事项的通知》(〔2016〕76号文）第四条：保险公司提供保单贷款服务的，保单贷款比例不得高于保单现金价值或账户价值的80%。保险公司不得接受投保人使用信用卡支付具有现金价值的人身保险保费，以及对保单贷款进行还款。

品。我曾经见过两个保险公司的业务员抢单，其中一个业务员的丈夫是某高中的副校长，她以帮助客户子女就读该高中为条件，换取了一张年付费百万元的理财保险。我不主张这种方式，但在实践中它确实构成了签单的要素，所以我将它列出。

另一方面，是价值服务。这里我要向代理人提出一个问题：请总结一下你能为客户提供的价值服务是什么？

银行的理财经理能熟练地向客户介绍自己银行的权益服务，小到机场VIP（贵宾）绿色通道，大到出国留学、移民、家族信托定制服务、对公衔接、协助融资贷款等，这些都是理财经理所能提供的价值服务。另外，银行销售保险的难度比代理人直接销售个人险要低很多，因为银行能更便捷地解决客户来源（自然上门）和信任问题。许多保险公司在初始经营时，规模保费都是从银保条线起步的。对于个人险而言，代理人是以自己的名义开展的一对一的直销经营活动，绝大多数代理人能为客户提供的价值服务非常有限。因此，很多先知先觉的保险公司和个人险大团队长已经开始花大价钱为自己的客户提供附加价值服务，比如，最近几年流行的各类讲座、亲子教育类活动、花艺、茶艺、游学、各类俱乐部等。人均高产的营业区，这类活动办得相当有特色，效果也很好。但是这些附加价值并不能代替理财类保险本身的价值，同一家公司，因地域不同、外勤大团队长和内勤高层领导对附加价值服务的理念不同，也很难做到统一。近年来，某些保险公司花大气力打造养老社区，并把社区的入住资格和购买保单的累计金额挂钩，作为提升均件的有效支撑。这些公司花费大量的精力来完善养老社区，却忽略了理财类保险本身能为客户解决的问题。我认为养老社区确实是未来中国养老的一种稀缺资源，但是客户花费少则上百万元多则上千万元的保费，难道只为了购买一个或几个入住资格吗？真正的逻辑应该是，客户在选择理财类保险的时候，首先应该帮助他们解决问题，在解决了这些问题的前提下，顺带赠送一个入住资格作为附加价值，而不应是本末倒置。

你能为客户提供的最大价值是什么？要回答这个问题，我们必须回归保险的本质。现实情况是，无论你做多少附加价值服务，这些提供服务的动力都来源于你的利润，没有利润就没有服务。而你的利润来源于签单时所带来的佣金或者中间业务收入户（简称“中收”），从这个逻辑出发，要回答这个问题就很简单了。首先，我们对客户的经营是分层的。创利高的客户享受到的服务是不一样的。对于客户来讲，享受到这些附加价值服务的原因是他们购买了你的产品（保险或其他金融产品），或者你认为他们具备较强的购买力，是潜在的客户，而客户花真金白银买到的是产品本身，因此产品本身的价值是最重要的。而保险产品，安全性是卖点。我们会做进一步探讨。

你能为客户提供的最大价值，就是把客户购买的保险产品的价值讲清楚，即让客户意识到保险能为客户解决什么问题，这是客户花钱购买保险的目的。客观来讲，保险首先是一种刚需，但它又是一种很特殊的刚需，因为它需要销售人员“让客户意识到”自己的需求，这就是需求激发。从这个层面上讲，理财类保险销售的难度远大于健康保障类保险。我从营销角度做一个分析，健康保障类保险是解决“生老病死残”的问题的，按照险种可以分为意外险、医疗险、重大疾病险和终身寿险。从解决保障类问题的程度来分，健康保障类保险又可以分为医疗费用转嫁、收入损失补充、未来收入锁定。从寿险行业的销售技巧来分，销售健康保障类保险有以下几种方式。首先是向客户阐述社会保险与商业保险的区别，其次是重大疾病提前给付概念，最后是保额销售法以及保额等于资产，其营销话术的表述是草帽图、梯形图、保单检视找缺口等。代理人在销售中常常忽略的一个重要问题是，生老病死残这些风险是显而易见的，不需要花费大量的时间与客户在这个问题上进行沟通和交流，或者只需要很浅的沟通就能和客户达成共识，因为这是由自然规律和偶然事件造成的。对人会生病或者有可能发生意外、生病或者发生意外是要花钱的、自费药是不报销的、大病需要保险公司代为垫付、大病期间收入必然减少等这类问题，客户都有一定的认知，我们要做的是和客户达成风险共识，然后用健康保险来解决这些问题。

理财类保险是解决财富安全性问题的。在人的一生中，很多风险会影响我们的财富安全，比如婚姻风险、税务风险、债务风险和传承风险等。这些风险，我统称为“生涯风险”，本书会在第一章对此进行详细说明。代理人具体该如何学习？我建议分为三个阶段。首先，代理人需要了解产生这些风险的原因。与生老病死残不同的是，生涯风险不是来源于自然规律，而是大部分来源于法律规定，比如《婚姻法》第十七条规定，夫妻对共同财产有平等处理权，这一规定导致在大多数情况下，夫妻离婚时各方会分割一半的财产。离婚作为一种生涯事件，所导致的财产分割就是生涯风险。其次，代理人需要了解利用保险规避风险的技巧。如何做到在婚内购买的保险或者婚前购买的保险，在离婚的时候不被分割其中的财产（通常情况下是要被分割的），我们就需要学习掌握其中的技巧，我会在本书的《婚姻法》章节做详细说明。对于婚姻不稳定的客户而言，这样的需求就被激发出来了。最后，代理人需要掌握保险营销话术。在建立信任的基础上，配合有效的营销话术，比如用“私房钱”这类话题，代理人就可以极大地提升签单的概率。这种方式可以弱化客户对保险收益不高的关注，将客户的需求点锁定在安全性上。在某银行私人银行分中心的一次交流中，客户向我表示，某产品收益不高。我提示他，如果离婚，50%的收益就没了，根据理财“七二法则”[①]，就算是 10%的收益率，资产翻倍也要 7 年多，但是一旦离婚就直接损失 50%。因此先把钱变成自己的，规避可能的婚姻风险以后再考虑收益，这样明显更加科学。客户对此相当认可，最终购买了一张短期终身型高现金价值理财险。

保险作为一种金融工具是用来防范风险的，但是我们对风险的理解不能局限于生老病死残，而应该上升到生涯风险。简单来讲，健康保障类保险保的是“人”，理财储蓄类保险保的是“钱”。但是从风险的认识角度来看，生老病死残所导致的风险沟通成本更低。绝大多数中产阶层以上人群对到底哪些事情会让自己积累多年的财富发生减损，以及发生何种程度的减损是不清楚的。如果代理人能够清楚地表述客户财富减损的来源，并能辅之以保险落地的解决方案，再加上优质的附加价值服务，那么把客户变为你的转介绍中心就会迅速实现，老客户加保的概率也会极大提升。

从生涯风险的角度切入，将保险这种金融工具用于解决客户的问题，你就能顺理成章地签单，继续率也会得到有效提升。前文提到的签单等于价值加利益，显然利益交换是不值得推广的

① 七二法则，举个例子，假设你最初的投资金额为100元，复息年利率是9%，利用七二法则，用72除以9（增长率），结果是8，即需约8年时间，投资金额滚存至200元（2倍于100元），准确的时间为8.043 2年。

（典型的做法是返佣）。其实，价值分为很多种，核心价值是客户花钱购买的保险所能解决的个人问题。因此，保险的安全性应该得到很好的发挥。

从营销实战的角度来讲，代理人必须运用好保险的安全性。安全性的必备要素之一就是法律知识，因为理财类保险的安全性均来自法律规定，比如，我经常听到理财经理、代理人跟客户谈“避税避债”。保险真的可以避债吗？有哪条法律可以对此进行支撑？或者有没有相关的判决支持？具体到某险种，代理人又该如何判断？每个客户的家庭情况不一样，代理人如何为客户做全盘计划？有没有系统的、成体系的、可复制的解决方法？最后也是最重要的是，如何把这些方法落地为营销话术。这就是本书要解决的问题。

本书的特点在于把法律这门专业性很强的学科和保险营销实战有效地结合，这也是我在写作本书的过程中最花心思的地方。

近年来各类法商营销的培训层出不穷，但是它们有一个通病——重专题分享而轻辅导训练。无论经验多么丰富的营销大师进行课程分享，十几节课以后，就算是一个全程参加且认真复习的人，他能转化为实战运用的部分也不足10%，尤其是法律知识的转化。把这些知识转化为营销辅导，这需要讲解这类知识的人既要懂保险营销，又要懂队伍，还要懂市场，而且需要有面谈的一线经验，熟悉高端客户最常见的问题。更重要的是，他们懂不同产品的卖点，并能将这些知识板块融合成一个简单易学、标准可复制的体系。

“道生一，一生二，二生三，三生万物。”本书提供的专业知识可以解决“二”、“三”和“万物”的问题，但是不能解决“一”的问题。从营销角度来讲，“一”就是信任，在没有建立信任的前提下谈专业，是无法达成营销目的的。因此如何快速建立信任，才是营销的根本，保险销售尤其如此。但反过来说，良好的专业水平确实可以帮助建立和维系信任。

我很荣幸早年曾在平安人寿参与过组训班（个人险营销管培生班），我全程参与了培训，并在个人险营销一线做过短暂的内勤销售推动工作。之后，我又在平安银行某分行零售部门负责过保险推动。我在律师事务所供职时，把时间都用在律师行业的冷门“金融保险”板块。最近几年，我面向各大保险公司、银行、第三方财富管理公司做财富管理与保险结合的演讲超过 500 场，承保期交保费累计超过 50 亿元。这几段经历对我的思维方式产生了很大影响，因此我准备用营销逻辑结合法律知识来写作本书。本书解决的问题是如何将烦琐的法律知识变得简单易懂，并和营销结合，配合产品，为代理人提供客户解决方案。

游森然

2018 年 1 月于蓉城

第一章

用法商思维应对生涯风险

福寿康宁，固人之所同欲；死亡疾病，亦人所不能无。

幸福、长寿、健康、安宁，是人们共同的愿望，但愿望毕竟不能代替现实，人不可能永远长寿，也不可能一直健康，死亡和疾病都是不可避免的。道家认为，生老病死是自然规律，人之常情。而在保险行业，人们更喜欢用生老病死残，来向客户阐释人生存在的五大风险。

相信大家一定听过猴子掰玉米的故事。为什么猴子掰玉米会掰一根扔掉一根？因为猴子没有用一个装玉米的背篼，而我接下来要说的内容就好似一个背篼，我们只有提前备好用来盛玉米的背篼，才能在掰下玉米以后，将所掰的玉米带走。

我们要重新认识在代理人班上学到的风险的概念，生老病死残指的是传统风险，它来源于自然规律。在现代社会关系下，人的一生当中会发生很多事情对我们的财富产生很大的影响，比如离婚、移民、公司破产等。因此对风险的认识不能再局限于生老病死残，而应从生涯风险的角度看待。为了让代理人能更好地认识这个问题，我会对银行的贷款、理财、保险进行比较，让大家发现其中的不同之处。

1. 理财。理财是刚性需求，只要客户的资金不发生安全问题，在大多数情况下，理财经理在向客户介绍理财产品以后，客户都会同意，甚至在某些时候，客户还会主动询问。

2. 贷款。贷款和保险是刚好相反的，客户因为资金紧缺会来找银行借钱，在这种情况下，客户是相当被动的。银行在贷款的同时会让客户购买一份借意险（借款人意外伤害险），因为客户如果发生意外，银行的贷款很可能无法收回。这种意外险通常非常昂贵，性价比很低。尽管身故受益人是银行，但是客户仍然会购买，因为客户不买这种险，就无法获得银行的贷款。

3. 保险。保险是刚性需求。既然是刚性需求，保险为什么不能像贷款一样让客户言听计从？它也不能像理财一样，能让客户很快点头同意呢？

因为这种需求属于隐性刚性需求，客户在日常生活中，是无法轻易感知到这种需求的存在的。既然客户无法感知，这就需要代理人唤起客户的需求。代理人如何做到？

我认为正确的做法是先要营造一种危机感，让客户知道，危机是真实存在的，它只是处于隐身状态，只有这样，客户才能够意识到自己的生涯风险。在正式和大家讲述生涯风险以前，我想给大家讲一个故事。

保险代理人在每天开展业务的过程中，都会遇到形形色色的人，有刚进入社会不久的大学生，也有创业多年的企业主，因为客户的经历和对问题感知能力的不同，遇到同样的问题，保险代理人可能会得到截然不同的答案。

我们如果分别同一个博士和一个卖菜的小贩讨论生病就医的事情，就会得到不同的结果。博士和小贩都知道生病需要花钱，而且病越大花钱越多，但对治疗费用的来源，两者的回答完全不同。

小贩会说："我参加了新型农村合作医疗，不怕生大病。"

博士则会思考："好像自费药是没办法报销的，我还得买补充医疗保险。"

两人都知道生病是需要花钱的，这一点根本不需要代理人去启发，所以销售健康险很容易。人人都知道生病是需要花钱的，人人都知道进口药和自费药是不能报销的。二人不同的是，卖菜的小贩会觉得参加新型农村合作医疗已经够了，而博士会觉得社会保险不足以应对大病。

有一次，我在某银行私行做家庭法律风险讲座。讲座结束以后，我与一位赵女士聊天，她与丈夫长期分居，自己独立做生意，于是我们聊到了婚内财富因为离婚而导致的生涯风险。但我没有想到的是赵女士居然认为自己不会面临风险，她说："所有的卡都是用我的名字开的户，房子也在我名下。他敢离婚，我要他净身出户。"大家可以想想，这样的说法与上文的博士和小贩不一样的地方在哪里？其中的区别是赵女士对自己所面临的风险认知存在偏差，因为她不知道《婚姻法》十七条"夫妻对共同财产有平等处理权"的含义。

总结前面的故事，我们不难发现，健康保障类保险唤起需求的难度比理财类保险的难度低，因为客户在风险的认知上，健康保障类保险所唤醒的客户风险意识更直接，而理财类保险所触发的是生涯风险，生涯风险是因生涯事件而触发法律事实，从而造成财富损失的风险。因为客户对很多法律问题不清楚，所以生涯风险唤醒需求的难度更大。

每个人对风险的感知是不同的，也就是说，客户对风险的全面认知是不同的。从营销话术来解读就是"健康险保的是人，理财险保的是钱"。在正式开始"掰玉米"之前，我想让大家思考一个问题，这个问题相当于对玉米进行分类，从而有利于我们从众多的玉米中挑选出质量最高的那些玉米。

这是一个终极问题，因为很多人在刚入行的时候，培训师就已经问过这个问题，而当他们工作了10年、20年以后，问题依然存在，并且很多人仍旧不知道问题的答案。这个问题就是：保险到底有什么用？

很多人的答案是，保险能够防范风险、投资理财，保险能给自己设立一笔奖金，等等。现在我要告诉大家，问题的答案只有一个，那就是保险能转移风险。如果你觉得这句话有问题，那么一定不是我的问题，而是你根本没有理解什么是风险。本书所指的风险，就是生涯风险（见图1–1）。

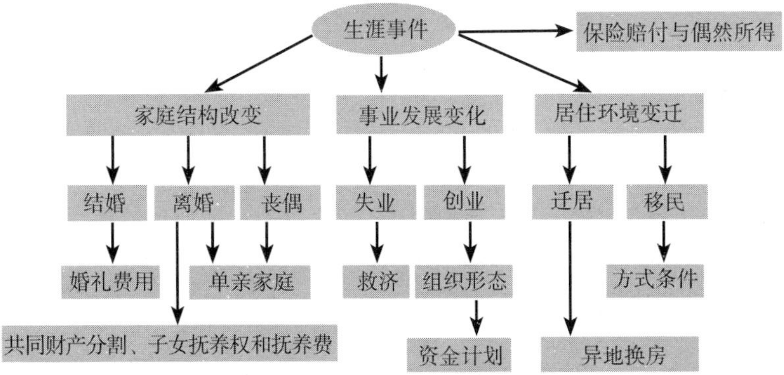

图1–1　人生生涯事件图

风险管理包括对风险的认定、评估和应对策略。理想的风险管理是在一连串排好优先次序的应对风险的过程中，使其中可以引起最大损失和发生概率最大的风险被优先处理，而相对发生概率较低的风险则可以稍后处理。

如何让保险在风险管理中发挥重要作用？我们首先要弄明白的是，保险中的风险有哪些。

生涯风险实际上是伴随生涯事件所产生的风险，生涯事件未必产生生涯风险，但是生涯风险必然由生涯事件产生。人活在这个世界上，一生中会经历很多事情，比如，结婚、离婚、共同财产分割、子女抚养、失业、创业、迁居、移民等，只有当这些事情发生的时候，我们才能明显觉察到，资产会受到这些生涯事件的影响。

举一个简单的例子，离婚。离婚意味着夫妻共同财产会被分成一人各一半。

请注意，一人分一半，对夫妻双方的意义是不一样的。一对刚毕业的夫妻离婚，有没有风险？在我看来，他们没有风险，除了情感上受到挫折外，他们在金钱方面不会有多大损失，因为他们也没有多少积蓄。

如果是一个富豪离婚呢？这样的例子简直不胜枚举，富豪在离婚的过程中，他们的损失就非常大了。

为了方便大家理解这种生涯风险带来的损失，我再举个例子。

一个富翁好色，经常在外边花天酒地，但他也会因为觉得愧疚而送妻子昂贵的礼物作为补偿。在他妻子45岁生日的时候，他送给了妻子一枚钻戒。

他妻子说："你送我钻戒有什么用？你从来都不回家，要不我们离婚吧。"

这个富翁对他的妻子说道："对不起，亲爱的，我还不能送你这么珍贵的礼物。"

为什么富翁会对他的妻子说离婚是一件珍贵的礼物？因为离婚对于一个富翁而言，就意味着会被分掉50%的财产。

如果富翁投资一个项目亏损了，损失虽然会很大（当然特大项目除外），但一旦离婚，这就意味着富翁几十年辛苦打拼所积累的财产会直接被妻子拿走一半。

接下来，让我们认真地分析生涯事件和生涯风险之间的关系。

试想，如果我们患上同一种疾病，用同样的药治疗，住同样的医院，我们的医疗费用也是一样的，那么我们不会因为彼此的职业、性别、年龄、财富状况不同而产生差异。但是，如果我们在遇到离婚、税务清缴、破产、缴纳遗产税或者移民这类情况时，同样的事情发生在不同人的身上，效果是不一样的。这就是我说的生涯事件所产生的生涯风险。

用一句话总结，人的一生中，发生生涯事件未必产生生涯风险，因为生涯风险是由生涯事件产生的财富损失引起的，但是生涯风险一定产生于生涯事件中，而在保险赔偿中所提及的生老病死残，只是生涯风险中的一小部分。

你知道在遭遇破产时，有限责任什么时候会被破除吗？如果有限责任被破除，私人保险会被执行吗？如果会，那么我们怎么做可以有效地实现资产隔离？

在激发客户需求的时候，生涯风险比健康风险的难度要大得多，因为我刚刚说到的结婚、移民、迁居、税收等，这些都属于生涯风险，我们如果不懂《婚姻法》，不懂《继承法》，不懂《税法》，就很难弄清楚这些问题，这就是我们为什么要学习法律知识。要唤起客户需求，就需要对这些知识进行营销演绎。

随着中国“创一代”角色逐渐从企业管理向家族管理转型，越来越多的高净值人群的财产问题暴露出来。我们从相关案例中可以看出，中国老百姓对财富的理解仅停留在财富的数量上，还远没有达到法律的层面。这就造成大家辛辛苦苦奋斗了一辈子，财富积累了一辈子，却因为财富管理出现问题而产生遗憾和损失。在人的一生中，只有自己花出去的钱和自己临走前还可以支配的钱属于自己，其余所有的钱都是你帮别人挣的。当今社会，你帮别人挣了钱，别人也不一定会记住你的恩情。这里，我举一个例子：

> A女士已经离婚，她在女儿和女婿结婚的时候，将自己名下4套房子在他们婚前过户到女儿名下，只写了女儿的名字，但是女儿在结婚后不久因意外死亡，根据《继承法》第十条，第一顺序继承人是父母、配偶、子女。虽然最后她的女婿放弃了继承权，但是他也拿走了1/3的财产，A女士非常后悔。

如果A女士让女儿先写一份遗嘱，结果会怎样？或者A女士不过户房子给女儿，而用保险规划婚嫁金呢？因为女儿即使写了遗嘱，也无法应对女婿在婚内所产生的债务所带来的赔偿风险。这些问题是最容易被客户忽视的，这也是为什么我们要学习法律知识，并将这些知识应用于我们的理财实战，因为营销的本质是提供解决问题的方案。

第二章

法律，缔造保险销售新思维

第一节　竞争新局面

2017年4月以后，大量趸交（一次性付清全部保费）产品停售，整个中国的银行零售条线对保险销售业务会从趸交转为期交（分期支付）。《中国保监会关于规范人身保险公司产品开发设计行为的通知》（保监人身险〔2017〕134号）规定，2017年10月1日前完成自查和整改。在变革的大浪潮中，未来保险行业面临的竞争，不是保险公司之间的竞争，而是个人险代理与银行理财经理之间的竞争。在银行理财经理看来，他们如果不开口，个人险代理人就会开口。以前，银行理财经理做趸交，个人险代理人做期交，井水不犯河水。现在，大家都做期交，银行理财经理就会选择先开口，因为谁占尽先机，单子就是谁的。

当个人险代理与银行理财经理竞争的时候，银行理财经理的优势在于银行的获客成本低，与客户建立信任的速度要比个人险代理更快，而且理财经理知道客户的资产状况。个人险代理的竞争力来源于两个方面：第一，专业水平；第二，代理的保险产品结构的丰富性和完整性，银行保险产品相对于个人险产品来说相对单一。但是随着时间的推移，二者在这方面的差距会逐渐缩小。而且二者在专业水平上的差距，我认为银行理财经理在这两年就可以追赶上个人险代理。以前银行做趸交，很多关于期交的知识理财经理没有接触过，但是市场开始转型后，银行必然会加快对理财经理的培训。而且理财经理的学习能力，普遍比个人险代理高很多。

未来胜负难定，但是我认为，只在保险战场上，中国平安保险集团未来的对手不是泰康保险集团，泰康保险集团的对手也不是新华人寿保险公司，银行理财经理的对手是个人险代理，个人险代理的对手是银行理财经理，个人险公司之间不应该内斗。

从整体销售市场的现状来看，很多业内同人都非常在意如何把一份保单里的条款讲清楚，因为他们觉得自己卖的是产品。但其实，不管一个公司的产品有多好，市场上一定存在更好的产品，因为产品的特性都是相对的，所以保险产品不是最重要的。

我曾经受理了一桩离婚案：一对夫妻决定协议离婚，二人育有一名6岁大的男孩，双方约定离婚后抚养费由男方出，每月3万元。虽然抚养费已经很高了，但女方对抚养费的支付方式提出了异议，二人由此产生了分歧。

女方认为："儿子在成长的过程中需要的钱会越来越多，以后的上学、结婚、买房都需要钱，这部分钱由谁来出？"

男方回答："我生的，自然由我来养，你说的这些，我都会写到离婚协议里。"

女方又问："你说你给，但是如果到时候你给不了钱怎么办？假如到时候你再婚了，你还能不能给这笔钱，就又是一个问题。你应该先给我300万元，存到银行账户里，作为孩子的成长基金。"

男方回答："一次性给你这么多钱，我不放心，你那么爱打麻将，万一把钱输光了怎么办？"

二人互不信任，在这样的情况下，他们只能把钱交给第三方处理了。

其实，买保险是一个很好的选择。如果一个普通的外勤人员来处理这件事情，他可能很快就能把这份保单签下来，但是我认为事情远非这么简单。

先不论险种，只说由谁来当投保人呢？如果男方来投保，但男方是一位商人，债务危机较大，若发生负债，保单很可能会被强制执行；如果女方来投保，但女方爱赌博，若因为赌博，她退保了怎么办？

我认真分析后发现，二人的离婚财产里包括两套房子，一套是别墅，一套是大平层。

我说："别墅你们先卖了吧，如果过几年房地产税开征了，别墅就不好卖了，能卖赶紧卖吧。大平层位于闹市区，可能好出手一些，而且大平层写的是你们俩的名字，暂时不用分。"

男方说："不分，难道留给她吗？"

我说："不分这栋房子，你可以把它租出去，收取租金。再用卖别墅的钱为孩子买一份保险，由孩子的母亲作为投保人，但前提是她要给你写一份承诺书，保证如果她将这份保单退保或申请现金价值贷款，房子的另一半就直接归你所有。"

我又对女方说："你不是口口声声说你只是为了孩子好，而且为了孩子，你绝对不会用这笔钱去赌博的，为了证明你自己，你更要签下这份协议。"

女方立刻答应："是这样的，我做的一切都是为了我的孩子，这份协议我签了。"

我又对男方说："既然她已经拿自己的半套房子做抵押来证明

自己，你也应该放心了。”

男方回答：“好，就按你说的办。”

在这个案例中，大家有没有注意到一个细节，我利用保险这个工具把双方的不信任问题从制度上解决了，在解决这个问题的过程中，保险起到的就是工具的作用。三流的人卖产品，二流的人卖观念，一流的人提供解决方案。这会成为保险未来发展的趋势。

第二节　用法律知识唤起客户需求

在我初入保险行业时，很多公司代理人都在讲“保险可以避税、避债、隔离资产风险”，但对如何利用保险达成这些目的，没有人能给出一个合理的方案。随着市场成熟度越来越高，我们面对的客户的综合素质也越来越高，只想用一两句口号就促成交易显然是不现实的，没有理论依据做支撑的观点都是不切实际的。

马克思曾经说过，人和动物的最大区别是制造和使用工具。法律就是诠释保险最好的工具。许多营销高手都喜欢讲观念，或用感性的话语博得客户的好感，但我认为这样的方法还可以被运用得更好。我们要做的是，学法、懂法、用法。

这样做的前提是保险公司要存在。保险公司如果破产或者宣布解散，如何处理此公司客户所购买的保险？

《保险法》第八十九条：

保险公司因分立、合并需要解散，或者股东会、股东大会决议解散，或者公司章程规定的解散事由出现，经国务院保险监督管理机构批准后解散。

经营有人寿保险业务的保险公司，除因分立、合并或者被依法撤销外，不得解散。

保险公司解散，应当依法成立清算组进行清算。

《保险法》第九十二条：

经营有人寿保险业务的保险公司被依法撤销或者被依法宣告破产的，其持有的人寿保险合同及责任准备金，必须转让给其他经营有人寿保险业务的保险公司；不能同其他保险公司达成转让协议的，由国务院保险监督管理机构指定经营有人寿保险业务的保险公司接受转让。

转让或者由国务院保险监督管理机构指定接受转让前款规定的人寿保险合同及责任准备金的，应当维护被保险人、受益人的合法权益。

不难看出，某保险公司就算是破产或者解散，客户也可以在国家的协调下去另外一家保险公司领取原来保单中约定的所有利益。

有句话在业界广为流传：保险公司不能破产。这句话其实是错误的。保险公司当然可以破产，但是保险公司破产与银行破产、证券公司破产是不一样的：证券公司破产，一分钱都不赔；银行破产，50万元是赔偿上限；保险公司破产，客户买多少赔多少。

如果有一天A保险公司破产了，客户只要把A公司保单拿到B公司做理赔就可以了，保单上面的钱一分都不会少，可能分红会略受影响，但是生存金、理赔金、重大疾病金、养老金一分钱都不会少，客户只不过是换了一家公司拿钱而已。你也许会问，B公司没有收保费，怎么会有钱理赔？

首先，每家保险公司都有责任准备金；其次，中国也有再保险机构，也就是保保险公司的公司。在实践中，有客户这样问我：万一《保险法》第九十二条被修改了怎么办？从理论上讲，这种情况是有可能发生的，毕竟《宪法》满足一定条件时，也是可以被修改的。但是在讨论修改之前，我们先要弄清楚为什么

《保险法》第九十二条会这样规定。不难发现，任何一个金融机构健全的国家，都有证券、信托、保险和银行四大金融支柱，这四大金融支柱的社会职能各不相同。其中保险的一个重要职能是辅助社会稳定。你炒股票亏了，炒房赔了，国家是可以接受的，但是国家不能接受，你买了商业保险但因为保险公司破产了，你罹患重大疾病后就没有钱看病，身故以后就没有丧葬费了……社会职能不一样，破产的相关制度就不一样。因此，代理人在实践中应做到：

第一，激发客户对保险的刚性需求。打个比方，我相信绝大多数人不会迷恋中药的味道。那么，既然我们大多数人都不喜欢喝中药，为什么大多数人都喝过中药？

许多人的答案是中药有用，但我认为真正让你喝中药的原因不是你认为中药有用，而是当年能够控制你的那个人相信喝中药对你有用，而且他能够买得起中药。在我8岁那年，我还不知道中药是什么，就被外婆带去看中医。回来以后，她谨遵医嘱，将三碗水煎成一碗，然后把药端到我面前让我喝。开始我坚决不喝，后来外婆利诱我，对我说“喝了药，我就给你10元”。所以我毫不犹豫地把药喝完了，我外婆的劝说成功了。

在销售的整个链条里，我喝中药这个结果和我认不认同中药一点儿关系都没有。只是因为第一，我外婆认同中药；第二，我外婆有钱买中药；第三，我外婆当时能够控制我。正是这三点促成成交（我喝下了那服中药）。

在保险实践中，道理也是一样的。只要客户认同保险，有钱买保险，买保险的人能够控制被保险人，这三点就可以促成成交。

将保险和中药进行类比，你会发现一个共同点，人们不会主动购买它们，中药不是卖出去的，而是这个世界上的人需要治病，中药作为一种可以治病的工具被顺便销售出去的。保险这种金融工具就是为了解决生涯风险而存在的。

保险如何解决这些生涯风险？首先，代理人要把保险的安全属性讲好，保险是刚需，但它是一种隐性刚需，必须要有“激发”的行为才能开启客户的认知。也就是说，代理人要将不同的场景、不同的法律条款发挥到极致，并以此“激发”客户需求。

前面我们分析过，产品很重要，但它不是最重要的。接下来我将展示一段经常被代理人运用的营销话术，并找出其中存在的缺陷。

如果现在有两个丁克（不生育人群），若想给这样的人推销保险产品，最好从感性的角度出发，这对于他们来说也许是最有效的：

> 虽然我没有参加过你们两个人的婚礼，也没有见证过你们两个人的相爱过程，但是我知道你们其中一个人一定对另一个人说过，会照顾他或者她一生一世，但是这句话只停留在口头上，今天我可以让你们把它写在纸上，并将它变为现实。

这是一段非常感人的话，按照正常的保险销售流程来看，接下来的做法一定是夫妻互保。

在这个过程中，这两个人购买的是一份普通的养老年金，但二人如果日后负债了，那么他们怎么办？届时，保单会被当作共同财产被执行，因为它是理财险，不具备生命保障利益，属于能被执行的财产。

这份保险既然被执行了，怎么能用来照顾对方一生一世？

我经常听到的一句话是，买养老年金就是创造一个与生命等长的现金流。但如果夫妻离婚了，这份保单被分割了（由夫妻共同财产购买的理财险，离婚以后是要被分割的），那么如何还会有与生命等长的现金流？

所以我们如果用这些美好的愿景来解决问题，就会发现，今天的客户越来越理性了，他们想要的不仅是一个愿景，而且需要你提供可以达成这个愿景的法律依据。

现在，大额险消费群体的主力是“70后”，再过5~8年，“80后”会成为主力，客户受教育的程度会越来越高，市场也会变得更加理性。保险营销人员若想用冲动消费的方法，小额保单还有成交的可能，但是真正的大单就很难做成了。

我们既需要法律，也需要话术，并把它们落地到销售，营销知识必须由法律做支撑。当然，一切都要以建立信任为前提。

第二，锻炼营销技艺。每一年保险公司都要开展“开门红”的活动，在“开门红”期间，具备理财险购买能力的客户处在哪个人生阶段？

这些客户显然处于满巢期（32~58岁，有了孩子，孩子出生到独立），因为如果客户处于筑巢期（25~32岁，夫妻结婚到孩子出生），他们的收入是无力购买保险的。如果客户处于离巢期（58~70岁，孩子独立到夫妻双方退休），他们的收入水平有限，而且年龄也大了，承保困难。

确定了人生四期以后，再来看一下职业四象限吧（关于二者的划分，详见第三章）。这样的客户一定不在E象限，E象限（打工象限）的人属于打工族，购买力有限。S象限（自由职业象限）的人也很少，因为从事律师、会计师和税务师这样的职业的人非常精明，而且他们相当理性，所以想从S象限中挖掘大客户的可能性很小。B象限（创业象限）是个体老板、企业主，他们是主要客户群。四象限中I象限（投资者象限）的客户的购买力和需求是最旺盛的。不过，很可惜，在正常的情况下，个人险代理人无法接触到此类人群，因为这些客户的可投资资产超过600万元。这时，个人险代理人最大的竞争对手是银行私行的理财经理，只有打败他们，代理人才能顺利地把保单签下来。

一些保险营销大腕儿在分享销售经验的时候，经常以自己为例，将自己过去的成功经验告诉大家。

这些营销大师的演讲就好像乔峰当着一群普通人的面，打了一套降龙十八掌，降龙十八掌威力无穷，但其真正的威力在于打出这套掌法的人名叫乔峰，不是每个人都拥有乔峰那样深厚的内功。

于是乔峰的掌法打完，围观的100个人都被掌力所伤，纷纷倒地。但是当普通人看完以后，他们照猫画虎地去练，即使掌法练得出神入化，打完以后，同样围观的100个人一个都不会倒下。

这就是内功的差别。保险营销大师分享的经验，是基于他们的人生经验和工作经验的积累，这些经验是不可复制的，而且是能够带来业绩的。这就好像不练内功的人，无论如何刻苦地学习招式，都无法拥有乔峰的掌力。

在保险营销中，话术就相当于招式，法律条款才是内功，招式不是不重要，但并非最重要。你只有从基础的内功练起，才能一步步地练就举世神功。在平时学习和培训的时候，我觉得讲师应该“重辅导、轻分享”。所谓辅导就是讲师不仅要能讲明白，而且要负责用系统的培训方法将学员教会。这样的培训才有价值。学员不要只是一味地盲目跟风，只要是营销大师的讲座就去听，结果大师是讲完了，但是自己学会了什么？

当不知道一个字的读音或者意思时，我们就需要按照笔画或者拼音的方式把这个字找出来，结果就一目了然了。本书所讲的法商思维与寿险营销知识，我希望各位代理人在遇到难解决的问题时，能够像查字典一样将本书拿出来查找问题的答案，用法律解决问题，并佐证保险的功能。

法律判例处在不断更新中，各大保险公司的险种也在一轮又一轮的演进中，而且这两年会发生更大变化。我会继续努力将本书的内容与时俱进，最大限度地帮助代理人。

第三章

精准寻找客户

有人说，今天的保险越来越难做了，同类产品多，竞争压力大，而且其他渠道和平台也都开始销售保险了。保险行业的繁荣也给代理人带来新的难题：代理人如何从竞争中脱颖而出？

我举一个例子说明我的观点。现在医学技术日新月异，药的种类和卖药的渠道越来越多，但是医生始终是稀缺资源。

代理人的销售对象仍然是人，保险做的是人的生意，想要了解客户，就要弄明白客户的人生和事业的发展规律。这就要求我们要精准地以生涯风险为索引，以人生四期和职业四象限为判断基础，在和客户面对面的交流中，用家系图作为支撑，这样就可以科学规范地为客户做规划。

在亲人的欢笑中诞生，又在亲人的悲痛中离去，人的一生真是非常短暂。但是不论多短暂的人生都有最重要的时期，根据人生的发展规律，我们可以简单地将人生分为四期，这四期虽然不能囊括所有人的人生历程，但是大多数普通人完全可以被包含在这四期之中。

人生四期分别是：筑巢期、满巢期、离巢期、空巢期。

在人生四期的基础上，我们还要建立另一套科学理论对其进行完善，那就是职业四象限。一个人独立生活以后，必然会开始工作，根据每个人工作涉及的领域、类别、收入等不同因素，我们可以把这些职业分为四类，业内称之为职业四象限。同理，这一理论能概括大多数人的职业状况。

人生四期和职业四象限是我们对大多数人的生活状态和职业发展的一种概述。很多代理人不知道什么样的客户才适合某产品，他们总是在茫然地寻找，采用的方法是广撒网，见人就宣传保险。没有强有力的理论依据作为支撑，代理人虽然每天拜访了不少客户，话也说了不少，但是有用的内容还是没有说出来，客户听完以后感到云里雾里。

人生四期和职业四象限好似坐标轴的横轴和纵轴，或者是经线和纬线，二者相交能够精准地定位客户，从而帮助代理人找到最完美匹配产品的客户究竟在哪里（见图3–1）。

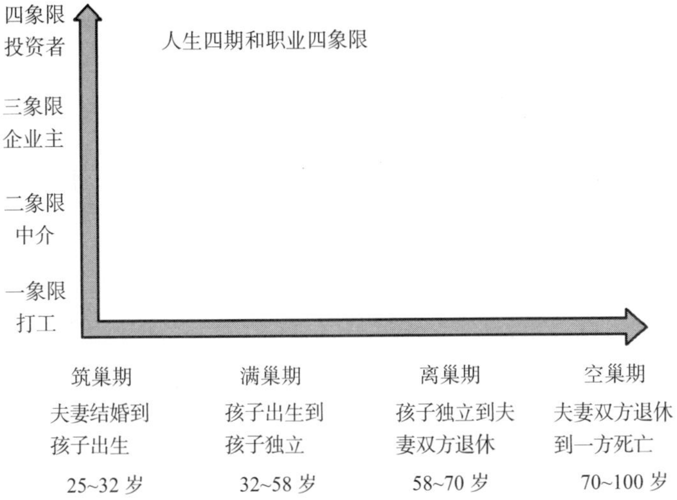

图 3–1　生涯风险分析图

第一节　人生四期

一、筑巢期

德裔美籍人塞缪尔·厄尔曼曾写道：

青春不是年华，而是心境；青春不是桃面、丹唇、柔膝，而是深沉的意志、恢宏的想象、炽热的恋情；青春是生命的深泉在涌流。

我们远离了父母的庇护，组建了自己的家庭，开启了新的生活，这意味着我们已经进入了筑巢期。

1.年龄。一般来说，处于筑巢期的人的年龄在25~32岁，当然从实际情况来看，经济越发达的地区，年龄就越往后推。

2.特点。处于此阶段的人，家计支出增加，保险需求增加，股票基金定投，追求收入增长，避免透支信贷。

在这段时间里，你待还的房贷和车贷最多，而且由于社会经验不足，你的收入也不会太高。处于筑巢期，你不论从事什么样的工作，都不会是行业内的高收入者，因为你才刚刚离开校园，缺乏工作经验，而且对自己所从事的行业往往也很陌生。处在筑巢期，你面临人生的第一场压力，不过值得庆幸的是，你的父母应该只有50多岁，正处在他们人生收入的最高阶段，从经济上来说，父母可以很大程度地为你分担部分经济压力。而且父母的身体也还不错，不需要你过多地照顾。

此时，你很年轻，虽然没有高收入，但你可以创造更高的价值，并且你的身体健康，在事业上也有很大的发展空间。从保险需求的角度来说，医疗险、意外险和基础重大疾病险（保额40万元左右）是筑巢期的客户应该购买的。客户基本上在这个阶段无法承受年交超过5万元、相对全面的重大疾病险保费。

二、满巢期

> 你面前那生活之海的沙滩，是一张金色的稿笺。愿你在这张无边的素笺上，用理想的霞光写出青春的诗篇！
>
> 愿你是风，鼓起白色的帆；愿你是船，劈开蓝色的波澜。生活正在你的前方微笑，勇敢地走上前去，将彩色的人生拥抱。

这是许多父母对孩子的期盼，有了孩子以后，世界会变得大不相同。告别筑巢期以后，你又会迎来人生的新阶段——满巢期。

1.年龄。处于满巢期的人的年龄在32~58岁。

2.特点。处于此阶段的人，家庭支出稳定，教育负担增加，保险需求达到高峰，购房偿还房贷，投资股债平衡。

满巢期是指人们在建立自己的家庭以后，会步入人生的另一个崭新的阶段，那就是体验到了初为人父或人母的喜悦，在享受了这短暂的喜悦以后，人们就要开始尽自己的义务和责任，将孩子抚养成人。

处在满巢期的人，各项支出开始稳定下来，但是房贷和车贷的负担依旧沉重。随着年龄的增长，你的父母也在一天一天地老去，你也逐渐步入对自己的养老金进行规划的时期，所以从某种程度上来说，你的压力并未减小。

而且在你的收入中，你要拿出很大一部分来抚养孩子。在高中以前，孩子的支出相对比较稳定，而且增长速度缓慢，但随着孩子长大，所需要的花费也会越来越多。

可喜的是，还需偿还的房贷和车贷在逐年减少，因此一个人保额需求最高的是在满巢期，一个人能够购买大额保险的消费期也在满巢期，一个人职业发展最关键的时期也在满巢期。

在满巢期开始，你应该提升自己的重大疾病保障，在全面提高自己重大疾病保额的同时，你也应该注意对特殊重大疾病加强保障，比如恶性肿瘤。在满巢期后期，你应该建立自己的养老年金和开始传承规划。

三、离巢期

爱尔兰诗人威廉·巴特勒·叶芝曾给女友写过一首浪漫的情诗：

当你年老岁月将近白发苍苍，
困倦地坐在炉边取下这本书，
沉思漫想，陷入往事的回忆，
你一度当年的柔情与美彩缤纷，
多少人爱你昙花一现的身影，
爱你的容貌于虚情假意之中，
只有一人爱你如朝拜的神圣，
爱你不因岁月无情自始所终。

当你老了，孩子也长大了，在孩子真正独立以后，你也会迎来人生的下一个阶段——离巢期。

1.年龄。处于离巢期的人年龄在58~70岁。

2.特点。处于此阶段的人收入达到巅峰，支出逐渐降低，保险需求平稳，为退休金做准备，管理和控制投资风险。此时由于年龄原因，绝大多数保险他们已经无法购买。

四、空巢期

明代文学家归有光曾在《项脊轩志》中这样写道：

庭有枇杷树，吾妻死之年所手植也，今已亭亭如盖矣。

寥寥数语，感人至深，可以说描写出了大多数人在空巢期的状态。

1.年龄。处于空巢期的人年龄通常在70~100岁。

2.特点。处于此阶段的人以理财收入为主，医疗休闲支出增加，利用终身寿险节税，领取退休年金，固定收益为主。

在这个阶段，很多人都会走完自己的一生。

通过对人生四期进行分析，我们可以得出一个结论，代理人的主要客户集中在满巢期后期以及离巢期前期，因为满巢期后期的人收入增加，保险需求随之增长，他们开始对自己的老年生活进行规划，并且随着子女成长，逐渐独立，满巢期的人在对子女的未来进行规划的同时，也对保险产生了很大需求。而处在离巢期前期的人，收入达到巅峰，因为他们还未退休，所以保险需求仍然很大。

在了解了人生四期以后，我们才能够更有针对性地联系客户，并为客户推荐适合他们的产品。

第二节　职业四象限

职业四象限和人生四期构成了代理人的客户筛选体系表，同时可以帮助代理人锁定客户。代理人只有确定了客户的人生阶段和事业阶段，才能准确地分析客户的保险需求。人活一世，不可能只为了结婚、生子、退休、离世。每个人都会选择自己的事业，因为有了事业的人才会有更多的收入来源，才能更好地满足自己的生活需求。

从一个数学定理中我们可以得出一个结论：在一个平面中，如果两条直线不重合，也不平行，那么它们必然相交。我在上文给大家画了一个横坐标轴，这个横坐标轴代表人生四期。接下来，我再为大家画一条纵坐标轴，这个纵坐标轴代表职业四象限。

职业四象限包括：E象限、S象限、B象限和I象限。

一、E象限（打工象限）

E象限，即打工象限。这个象限也是大多数人会选择的象限，你不论身处什么样的公司，在什么样的岗位，只要你与公司签订了合法的劳动合同，并且是主动收入，只要你听从上级的指挥与安排，并按照公司的标准领取薪酬，你就处在打工象限中。

这个象限里的人会享受到底薪所带来的好处。你只要能在公司里工作满一个月，不管绩效是好还是坏，都能拿到底薪，所以打工象限是四个象限中压力最小的，公司的业绩和盈利都与你无关，你只要做好自己的本职工作，就能领取属于自己的报酬。但也正是因为这一点，打工象限的人的收入水平不高。

因为你一旦选择了打工象限，就等于直接放弃了两样东西：一是自由的时间，二是成为一个富豪的机会。

打工象限的人永远都是主动收入，所以你会失去自己的时间。你没有自由的时间，就没有成长，不论你的职位有多高，你无非是服务于这个系统的一颗螺丝，差别只在于你是一颗大螺丝还是一颗小螺丝。但由于有底薪，压力小，所以很多人都会选择E象限。

二、S象限（自由职业）

S象限在法商的定义中被叫作自由职业者。

自由职业者，最典型的是指脑力劳动者（作家、编辑、会计等）、经纪人、服务提供者，他们不隶属于任何组织，不向任何雇主做长期承诺，他们在自己的指导下找工作做，以在家里工作者居多。

S象限的人没有底薪，但是他们拥有相对自由的时间，他们的特点是收入比打工象限的人有很大程度的提升，但正是因为拥有时间上的绝对自由，这个象限中的人的自律程度不一样，所以此象限的人的收入差距会很大。保险代理人就是S象限的典型代表。

以保险公司为例，一个普通内勤的收入和分公司老总的收入差距可以达到30倍。但是在外勤团队，一个普通业务员的收入和一个资深业务总监的收入差距可能会达到300倍。

这就是S象限的人之间的收入差距，因为他们拥有绝对的时间自由，又没有相对的自律来进行支撑，S象限的人的收入相对于E象限的人而言，虽然会有一定程度的提升，但是收入稳定性较弱，并且S象限的人很难让自己的收入在每一阶段都保持一致。因此如果你不能做到绝对自律，那么其实S象限是不适合你的，因为身处E象限，你虽然失去了自由时间，但是公司的规章制度会强制你“自律”，比如考勤，如果缺勤，你就会面临惩罚。S象限没有相应的惩罚制度约束，因此它特别考验一个人的自律能力。从创富的角度来说，S象限的人天生有一个缺陷，就是无法复制自己，专业越好且行业经验越丰富就越难进行复制。比如一个律师，官司打得越好，就越难离开一线战场，而和普通律师相同的是，他一年也只有365天时间。所以S象限的人的收入水平在一定时期内会达到一个瓶颈，很难再突破。

三、B象限（创业象限）

“可复制”是创富的关键。B象限代表“BOSS”，也就是老板。

做老板有一个好处，比如茶杯制造业，B象限的人不需要自己亲自参与生产的过程，他们只要组建起生产线，就能够做到批量生产，只要这个茶杯的市场不断扩大，老板的收入就会随之不断增长。

所以从财富规划的角度来讲，B象限的人一定会比S象限的人财富积累得更快，S象限的人财富积累的速度也快于E象限的人。财富增加通常伴随风险增长，B象限的人承担的风险也会远远大于前两个象限的人。除了成本负担，老板还担负着公司的资金、运营、管理以及盈利等问题。比如债务，你会发现S象限的人卷入债务纠纷的概率相对于B象限的人来讲要低得多，因此S象限因债务问题导致生涯风险的概率会远低于B象限。简单来讲，如果代理人认为“保险的资产隔离属性”是一个切入点，那么本书的逻辑是，资产隔离属性属于保险工具的安全性范畴，需要用《公司法》和《婚姻法》来阐释，我会用“私房钱”“夫妻债”，以及“企业资产与家庭资产隔离”这三个专题作为“开门话术”，并最终落脚到年金险和终身寿险，我在后面的内容中会具体介绍怎么买和谁当投保人的问题。通过分析，我们可以得出在职业四象限中需要代理人锁定的就是B象限的客户，因为B象限客户对债务问题的解决方案的关注程度会远大于S象限。此时，代理人会发现，绝大多数大额理财类保险的购买人，都属于B象限。不过，B象限的人的事业也有缺陷，他们要组织生产就会融资，因而公司会产生相应的负债，公司利润的一部分肯定是给债权人的（银行）。老板组织生产、购买设备一般都会向商业银行借钱，所以老板赚的利润的一部分是用来还利息的。从这个角度讲，银行是可以牵制企业主的。

但是银行是法人机构，而非自然人。什么样的人具有银行法人机构的被动收入特点呢？那就是处在I象限的人。

四、I象限（投资者象限）

投资者是指投入现金购买某类资产以期获得利益或利润的自然人和法人。广义的投资者包括公司股东、债权人和利益相关者。狭义的投资者指的是自然人股东。在本书I象限部分，本书特指自然人投资者。在金融市场中，所谓投资者是指在金融交易中购入金融工具，融出资金的所有个人和机构，包括存款人、出资人，他们在验资时被称为投资者。

例如，股神巴菲特。巴菲特持有可口可乐公司的股份，但他从未参加过可口可乐公司的市场经营型会议，也从来没有参与过可口可乐公司的经营管理，但是他每一年都会从可口可乐公司的股票中获得红利。

从财富量的角度来看，I象限是所有象限中财富最多的，因为它有三大优势：第一，I象限的人极大地解放了自己的时间；第二，I象限的收入结构是被动型的；第三，I象限的人的收入超过了S象限、B象限、E象限。2016年，发生了著名的万科股权之争事件，其实质就是B象限的人和I象限的人在争斗。

对于大多数人来说，职业生涯的发展大都遵循一个从E象限或S象限起步，然后逐步向I象限发展的规律，实现直接跨越的概率极小，除非你属于少数的顶尖人才。不过，不同的人最终能够达到的境界（象限）不一样，每个人在不同象限停留、发展的时间也不相同。

通过对人生四期以及职业四象限的学习，代理人能够很快地对现有的客户群体进行精准分析。通过对人生四期的学习，我们知道了理想的客户应该处在满巢期后期以及离巢期前期。

在学习了职业四象限以后，我们了解到优质的客户应该处在B象限，因为他们承担了最大的压力，所以B象限的人对保险的需求也会更高。

人生四期是横坐标，职业四象限是纵坐标，这两者的交点可以帮助我们锁定客户。这个结合点就是处在满巢期后期和离巢期前期的B象限的人，即40~55岁的商人和企业主，他们是我们最主要的客户群体。

工欲善其事必先利其器。保险代理人只有充分了解客户的特点，才能迅速找到自己的目标客户。你欲拓展业务，必先了解客户。

我当年在保险公司工作的时候，经常会听到一些代理人不专业的提问，比如，有人问："主管，我有个客户是做生意的，现在可能要因债务纠纷而惹上官司了，而且他的家里情况很复杂，他的情人还有孩子，现在我该怎么为他设计保险呢？"在学习了前面的内容后，我相信你会知道正确的表达方式应该是："主管，我有一个处在满巢期后期的客户，他有可能发生债务风险，他同时也存在婚姻风险，我应该如何用保险帮助他？"变化，就是从说话的方式开始的。

第三节　家系图①

最初，家系图是家庭心理咨询师发明和使用的一种有效的工具。家系图能够以简单明了的方式组织大量的信息。家系图最初被应用于对肯尼迪、罗斯福等家族进行评估和调解。家系图可以在前期对一个家庭，甚至家族进行评估，并从中梳理和挖掘财务风险或其他风险（见图3–2、图3–3、图3–4、图3–5）。家系图的用途包括：

1.表示跨代际关系（至少三代）。

① 本节内容感谢太平人寿四川分公司张嵘先生给予的指导和帮助。

2. 用来分析家族历史与模式。

3. 从视觉上描绘企业和家族的历史。

4. 用来判断合适的切入点。

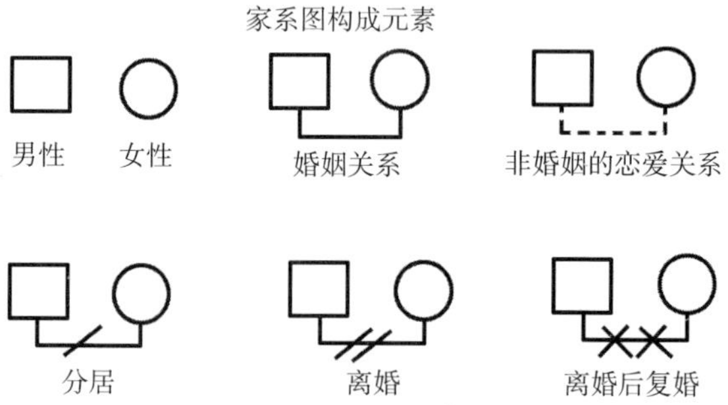

图3–2　家系图构成元素：婚姻

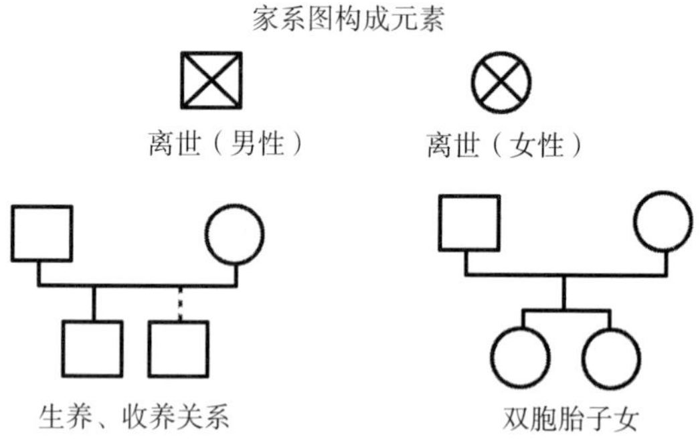

图3–3　家系图构成元素：子代

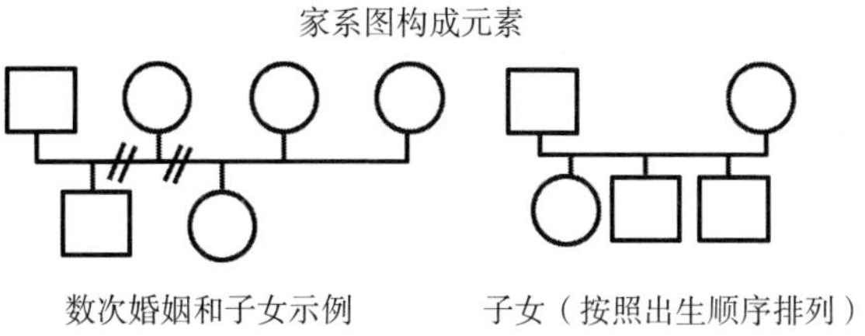

图3–4　家系图构成元素：子代与婚姻

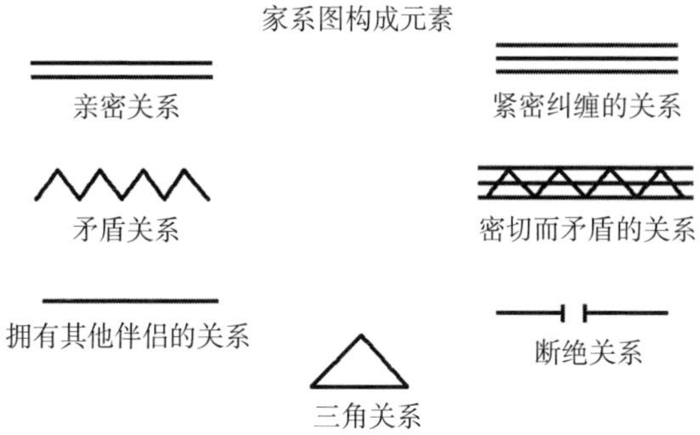

图3–5　家系图构成元素：关系

案例：

有温度的保单

K女士与S先生是再婚重组家庭。K女士首次婚姻育有一子，4年前离异，儿子归前夫抚养，她净身出户。

S先生首次婚姻育有一女（11岁），女儿归前妻抚养，净身出户。S先生经营一家建筑公司，与前妻各持有50%股份，离婚后，他每月给女儿支付抚养费2万元，每年一次性给前妻支付家用补贴20万元，直至女儿结婚，而且在女儿婚姻关系持续满3年后，这两笔支出才终止。

K女士与S先生4年前结婚，育有一子（3岁），但是孩子先天性残疾。

K女士与S先生2年前离婚，1年后又复婚。

K女士处于S象限（自由职业）满巢期中段。

S先生处于B象限（企业主）满巢期中段。

S先生目前名下仅有与前妻共有的一家公司，无其他公司或资产，每年扣除支付前妻及女儿的抚养费外，他的年收入是K女士的4倍左右。

S先生的母亲与K女士的关系不睦，与S先生前妻的关系密切。

在分享如何分析客户的生涯风险，以及实战应用的时候，代理人可以在客户面前用家系图作为演示的辅助手段，这样脉络就会显得非常清晰（见图3–6）。

每一个客户在不同时期、不同人生阶段的生涯风险是不一样的，风险也是动态变化的，因此代理人不可能一次性规划一个产品就解决客户的所有问题，而要用成熟公司成体系的产品结构综合动态地进行规划。动态规划要求代理人定期为客户做保单年检。

家系图构成元素

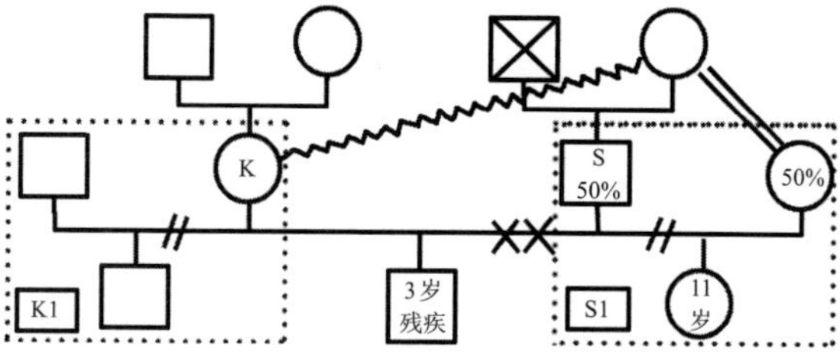

图3-6　S先生和K女士家系图

第四章

结婚不要“昏”：用保险保障婚内财富

《礼记》记载:“昏礼者,将合二姓之好,上以事宗庙,而下以继后世也,故君子重之。”

而对婚姻,不同年代的人有不同的看法。钱钟书说:“婚姻是一座围城,城外的人想进去,城里的人想出来。”用现代人的观点来解释,婚姻就是爱情的坟墓,甚至有人说,遇到对的人是爱情,遇到错的人才是婚姻。

两个与“90后”爱情观有关的问题的投票在网络上很流行:(1)“90后”有爱情吗? 73%的网友认为有,27%的网友认为没有。(2)“90后”的爱情会长久吗? 54%的网友认为会,46%的网友认为不会。

在微博、微信等社交媒体和手机移动端上,明星的花边新闻不胜枚举,各种婚姻失败的案例和对婚后家庭的不满也充斥其中。

年轻人经常说:“是手机不好玩还是零食不好吃，为什么我要放弃自己快乐的单身生活去找一个男/女朋友？”因为害怕结束，所以拒绝开始，这就是我国现代一部分年轻人的婚姻观。本书是一本法律与保险结合的工具书，从法律的角度为大家解析保险产品，以解决实际问题。

第一节　婚姻风险导致的财富损失巨大

《婚姻法》与保险在一个问题上交织：保险如何帮助客户守护婚姻财产？要回答这个问题，代理人在学习的过程中，首先应认识到婚姻的各种风险如何导致财富损失，其次应深入了解如何购买保险才可以“离婚不分”，最后应明确如何进行话术切入，其法律佐证依据在哪里。举一个例子。

小马奔腾创始人李明离世，妻子被判承担2亿元债务。2014年李明因心肌梗死去世，小马奔腾无法上市，“对赌”协议失败，需由李萍、李莉、李明三人共同承担6.35亿元的债务。按照股权比例，李明需承担2亿元债务。因为对赌协议是在婚内签订的，所以李明的妻子负有连带清偿责任。最高人民法院于2018年1月17日发布《最高人民法院关于审理涉及夫妻债务纠纷案件适用法律有关问题的解释》，对当前司法实践中争议较大的夫妻共同债务认定问题做出了明确规定，并合理分配举证证明责任，平衡保护各方当事人合法权益。小马奔腾董事长李明妻子金燕据此上诉，但是她是否能胜诉，还要取决于最初对赌协议签订时的约定。

最高人民法院此次出台的这个解释，其实和最近几年国内频发的夫妻债案件中出现的连带清偿责任有关。

最近几年，中华全国妇女联合会在开两会的时候都会有这样的议案，要求废除《婚姻法》第四十一条和《最高人民法院关于适用〈中华人民共和国婚姻法〉若干问题的解释（二）》第二十四条。我们一起来看一看这两个法律条款的具体内容。

《中华人民共和国婚姻法》第四十一条：

> 离婚时，原为夫妻共同生活所负债务，应当共同偿还。共同财产不足清偿的，或财产归各自所有的，由双方协议清偿；协议不成时，由人民法院判决。

《最高人民法院关于适用〈中华人民共和国婚姻法〉若干问题的解释（二）》第二十四条：

> 债权人就婚姻关系存续期间夫妻一方以个人名义所负债务主张权利的，应当按夫妻共同债务处理。

《最高人民法院关于审理涉及夫妻债务纠纷案件适用法律有关问题的解释》中规定，夫妻共同还债的情形是：夫妻双方共同签字，夫或妻一方事后追认，夫或妻一方以个人名义举债用于日常生活。夫或妻一方还债的情形是：夫或妻一方在婚内以个人名义举债用于投资经营，需出借人证明该借款用于夫妻双方家庭日常生活，如不能证明，则为夫或妻一方个人债务。

夫妻一方对外承担连带责任的理论基础是家事代理权，不是婚姻关系。后者的致命缺陷，在于把夫妻之间的一切行为都视为家事代理，从而导致“婚姻关系是个筐，任何债务往里装”的荒唐现象。法律条款本身没有问题，但是各级法院在认定“是否共同偿还”的界限问题上没有明确的标准。要防止夫妻串通转移财产，首先应当从规范债权开始，因为债权人掌握主动权，债权人完全有条件也完全应该承担风险防范和注意义务。夫妻一方在提出较大金额举债时，如果约定为夫妻共同债务，应征得其配偶同意并签字认可。配偶签字认可，转移财产、架空债务的做法就避免了。

再举一个案例。30岁的王锦兰是福建省泉州市一家国有企业的财务员。2016年5月，王锦兰将自己“被负债”的经历发到了微博上。这篇名为《婚姻有风险，领证需谨慎》的文章被疯狂转载，微博阅读量640余万次。在文章中，王锦兰说，只要第二十四条没有被废除，任何人都有可能因为结婚而背上巨额债务。

对王锦兰的遭遇，网友的反应不一，鼓励者、同情者都有。但也有相当一部分人认为，所谓被负债只不过是遇人不淑而已，“被负债”与第二十四条无关。“一项司法政策不应该被‘绝望的主妇’的故事绑架。”一位作者在腾讯专栏上写文章说：“被负债是因为你嫁错了人，而不是法律错了。婚姻是自由的，人是要对自由承担后果的，就像你投资办企业，招了一个不靠谱的经理人，只要不能证明存在恶意串通，你就要为那些债务买单。”说到底，避免借债误伤配偶，需要放贷机构谨慎，而不是简单地修改第二十四条，更不可随意删除这条规定。

法律是价值选择的结果。代理人不能以偏概全，更不能用自己的思维主观、片面地评判法律。我有一个疑问：实务中，到底是夫妻联合起来用假离婚骗债权人的概率大，还是夫妻一方联合债权人骗配偶的概率大？答案显然是前者。因此当只能选择一种价值的时候，法律会选择保护债权人的利益。无论如何，钱都是从债权人那里借出去的。《婚姻法》第四十一条和《婚姻法》解释第二十四条给代理人什么启示？

在营销实战中，这两项法律条款可以帮助我们唤起客户的危机感，也就是我前文提到的“激发需求”。

此外，离婚会对资产产生重大影响。我们来看一个具体的案例。

董女士是一名从加拿大多伦多大学毕业的女留学生。2012年2月15日，她和王某结婚。婚后不到两个月时间，王某疯狂地借钱，累计借款500余万元。在得到这笔钱以后，王某突然人间蒸发，下落不明了。同年6月，董女士向当地法院提起诉讼，请求离婚，但未获支持。直到2014年2月20日，她再次起诉后，才被法院判决准予离婚。在这两年间，王某的债权人把董女士和王某共同告上法庭，因为王某突然消失不见，只能由董女士应诉。在多次诉讼中，董女士均被判承担连带责任。董女士的父母出资购买的价值300万元的房子被拍卖，董女士被列入失信名单。不管你认为这个案件的最终判决是否公平，法院已经做出了这样的判决。而且在类似的纠纷案件中，受到伤害的都是“被负债”的那个人。我当年代理过一起类似的案件，刘女士和赵先生离婚三年后被一纸诉状告上法庭，要求她偿还332万元欠款，刘女士从未借过钱，她感到非常意外。后来她发现这笔债务是在刘女士和赵先生婚姻关系存续期间由赵先生所借的，在离婚时，赵先生隐瞒了这笔债务。

虽然现在的新规是否适用于夫妻共同生活的举证责任已经归于债权人，但是债权人一旦举证成功，债务依然要连带，而且婚前财产也要面临用于清偿的尴尬局面。

《婚姻法》第十九条规定：夫妻可以约定婚姻关系存续期间所得的财产以及婚前财产归各自所有、共同所有，或者部分各自所有、部分共同所有。约定应当采用书面形式。没有约定或约定不明确的，适用本法第十七条、第十八条的规定。夫妻对婚姻关系存续期间所得的财产以及婚前财产的约定，对双方具有约束力。夫妻对婚姻关系存续期间所得的财产约定归各自所有的，夫或妻一方对外所负的债务，第三人知道该约定的，以夫或妻一方所有的财产清偿。在这里，代理人应特别注意“第三人知道该约定”这一条件。在实践中，债权人如果知道夫妻财产是隔离的（夫妻财产各自约定让债权人知道），就几乎不会借钱给夫妻任何一方了。比如，张三和李四是夫妻，张三去借钱，在什么情况下李四不用还钱呢？那就是张三在借钱的时候，和借钱给他的人说：“我和我妻子两个人的钱是各管各的，你一定要知道，我找你借的钱，你一定要找我还，不要找我妻子还。”不过，仅仅是口头承诺是不行的，还得由债权人签字确认，等到张三所有的债权人都签字确认以后，这笔债务才真正地与李四无关。但这种情况只能存在于想象之中。假如你是债权人，你会签字吗？当然不会。现实就是如此残酷，法律就是这样规定的（见图4–1）。

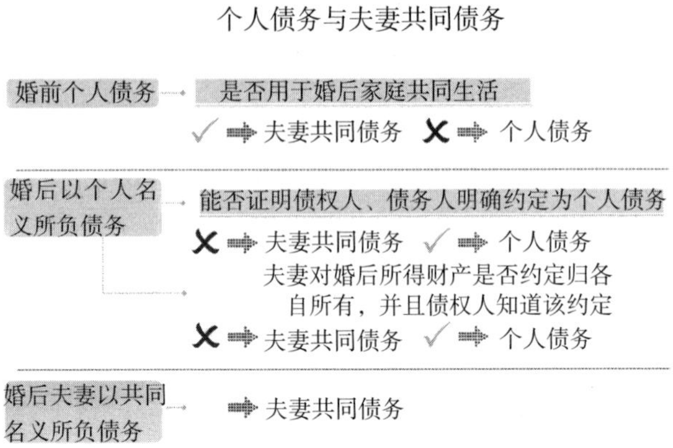

图4-1　个人债务与夫妻债务关系图

两种情况属于例外。夫妻一方与第三人串通，虚构债务，第三人主张权利的，人民法院不予支持。夫妻一方在从事赌博、吸毒等违法犯罪活动中所负的债务，第三人主张权利的，人民法院不予支持。

总之，只要结婚，只要配偶负债（借款或者经营），几乎在所有的情况下，另一方都需要偿还这笔债务。为什么法律要这样规定？它保护了谁的价值和利益呢？假设董女士和王某合谋，夫妻二人合伙骗债权人的情况则完全不同。如果法律不这样规定，董女士夫妇就可以在借钱以后立刻离婚，借钱的一方消失，而另一方不需要偿债，这对债权人公平吗？国家法律的价值追求只能选择其一，法律选择保护的是债权人，而非夫妻双方，因为在现实生活中，夫妻双方联合起来骗债权人的事情更多。

第二节 让客户为婚内财富买保险

从《婚姻法》的角度来看，有很多种情况是不能离婚的，其中一种情况《婚姻法》第三十四条做了规定：女方在怀孕期间、分娩后一年内或终止妊娠后六个月内，男方不得提出离婚。女方提出离婚的，或人民法院认为确有必要受理男方离婚请求的，不在此限。《劳动合同法》第四十五条规定：劳动合同期满，有本法第四十二条规定情形之一的，劳动合同应当续延至相应的情形消失时终止。而第四十二条规定情形是：女职工在孕期、产期、哺乳期内，用人单位不得依照本法的有关规定与劳动者解除劳动合同。同样，女职工在孕期、产期、哺乳期内，用人单位不得与女职工终止合同，用人单位应顺延其劳动合同期至哺乳期满。《刑法》第四十九条：犯罪的时候不满十八周岁的人和审判的时候怀孕的妇女，不适用死刑。

女性在怀孕和分娩期间不能离婚的法律规定，是为了保护女性专属的生存权的延伸，也就是生育权。我们可以再做一个延伸。前面说过，女性在怀孕期间是不能“被离婚”的，但是中国之前有一个特例，即女性在怀孕期间被法官判处离婚的案例。这个案例中的妻子是一位空手道黑带，她在怀孕期间不幸患上了抑郁症，经常拿丈夫撒气，而她的丈夫又无力还手，只能任她打任她骂，于是妻子开始变本加厉，最后把丈夫摔成了9级伤残，丈夫最终忍无可忍，起诉离婚。出于对男方生存权（生命健康权）的保护，法院判决二人离婚。我在这里要强调：生存权大于一切。保险和生存权的交集就是，健康保障类保险。目前，受司法承认的健康保障类保险有三种：重大疾病类保险 、高额意外险、一年期消费性医疗险。除此三者外，其他保险均为理财和储蓄类或者终身型寿险类险种。终身型寿险分为有危险保额和无危险保额，理财性质更明显和身故保障性质更明显，这都需要分类考虑。之所以要提出这个问题，是因为在我国现有的法律规定下，购买健康险如果构成违反《合同法》第五十二条第三款“以合法形式掩盖非法目的的合同无效”，则是无效的。比如已经到了法院的执行阶段，被执行人在此时购买的健康险无效。除此之外，健康险是不能被法律强制执行的。这就是因为它和生存利益挂钩。

一、利用《婚姻法》的力量

我们来看一个营销实战的案例。处于满巢期后期，S象限或者B象限的父母，他们的子女进入适婚年龄即将结婚，但子女配偶的家庭经济条件远不如自己家。在这种情况下，代理人该如何对客户进行分析，并推荐适合的险种呢？

代理人可以运用两个切入话术：第一，根据《婚姻法》第四十一条和《〈中华人民共和国婚姻法〉若干问题的解释（二）》第二十四条，代理人可以指出夫妻共同债务的危机。第二，代理人可以谈一谈现在的高离婚率，以及下一代离婚对整个家族财富的影响。话术切入如下：老一辈创业家已经70多岁了，他们已经逐渐开始从企业管理转向家族管理，在转向家族管理的过程中会出现接班人的问题，接班人的问题一定会牵涉出下一代的婚姻问题。首先根据《婚姻法》第十七条，婚后经营所得收益属于夫妻共同财产，如果子女在婚前持有优质公司股权且婚后参与公司经营，那么股权增值部分和产生的分红均归夫妻共同财产。其次，《婚姻法》第四十一条和《〈中华人民共和国婚姻法〉若干问题的解释（二）》第二十四条，婚内欠债是夫妻共同承担的，婚内产生的经营性收益离婚也要分割。现实中，宗庆后的女儿宗馥莉以后若结婚，这个问题一定是家族必须考虑的问题。如何解决这个问题？用保险来牵线搭桥，事情就会变得截然不同，当你学会解决这些问题，你的保险自然就能卖出去了。可是，你的保险真的是被卖出去的吗？你只是在帮人解决问题的时候顺便卖了保险。

为了让大家更加清楚，我分享两个案例：

案例：

这样投保，离婚保单就不会被分割

张女士是一名企业家，她的女儿刘小姐已经进入适婚年龄，张女士打算提前给她准备嫁妆，但是她又担心女儿的婚姻问题。

如果你是张女士，你担心和害怕的是什么？女儿如果离婚，对家庭的资产就会有削减。这个时候张女士应该怎么办？你不妨设想一下，如果张女士提前将股权和铺面给了刘小姐，在婚前只写女儿的名字，在结婚以后刘小姐不加配偶的名字，那么这个股权和铺面的所有权归谁呢？当然归刘小姐所有，这没有问题。那么股权产生的分红以及铺面产生的租金又应该归谁？根据《婚姻法》第十七条第二款，这属于经营性收益，而经营性收益属于夫妻共同财产。根据这一条，无论张女士如何辛苦工作，其实都在变相地为她的女婿打工。如果女婿人好，受点苦也无所谓，但是刘小姐如果遇人不淑，那么很可能会发生下面的情况。

如果刘小姐的丈夫人品差，那么他会利用《婚姻法》第四十一条做不利于刘小姐的事情。比如，他和他人合伙经营后“不幸”负债，这时，刘小姐作为妻子就应当偿还

> 共同债务。具体做法是：他先与自己的朋友一起开一家普通合伙公司，因为普通合伙公司的合伙人需要承担无限连带责任，公司成立以后，在运营的过程中发生亏损，债权人就会将刘小姐及她丈夫共同告上法庭。根据《合伙企业法》规定，合伙企业如果归家庭享有，合伙企业的债务也应该由家庭成员共同承担。这样就会导致刘小姐婚姻不幸，而且使张女士辛辛苦苦大半辈子所积累的资产付诸东流。

这里我需要和大家说明一个问题，夫妻双方的婚前财产在离婚时是不能分割的。但是，这不意味着它能对抗婚姻关系存续期间所产生的债务。父母给子女钱，应该根据子女婚姻关系的持续时间，分阶段给到子女。我分为三个阶段：

第一阶段，从子女刚结婚到孩子出生，父母把钱给子女，但钱的掌控权在父母的手里。

第二阶段，从子女的孩子出生到子女感情完全稳定（以父母的经验判断），父母把钱的掌控权给子女，但决定权在父母手里，比如股权，父母要保留一票否决权。

第三阶段，从子女感情稳定到子女的财商足以驾驭家族财富，根据《婚姻法》第十八条第三款，父母把财产赠送给夫妻其中的一方（自己的子女）。

这三个阶段保险需求的挖掘：

第一阶段，可以购买普通年金型保险，注意投保人一定要是张女士，不能让孩子自己当投保人。

第二阶段，感情稳定形成期，这个时候注意不要让儿女随意领取保单的大额生存金，因为夫妻共同生活现金类资产极易混同，这样就无法做到规避离婚的财产分割风险。

第三阶段，等感情稳定以后，用股权设计、遗嘱、信托等组合方式，把资产给到自己的孩子。很多客户都有一个误区：孩子结婚以后给到孩子的资产都会变成夫妻共同财产。其实不然，因为《婚姻法》第十八条第三款规定：(三）遗嘱或赠予合同中确定只归夫或妻一方的财产，也归孩子个人所有。

普通年金型保险的保单的生存金和分红金均归被保险人所有，资产不会被混同。由于张女士作为投保人，所以子女离婚财产不会被分割。资产控制权在张女士手里（见图4-2）。

这个保险计划分为两个阶段，投保人和受益人是张女士，被保险人是女儿刘小姐，至于张女士的女儿未来的伴侣是谁，根本不重要，也不是我们需要关心的内容，我们关心的是孩子出生以后，身故受益人需要变成这个孩子。为什么？因为根据自然规律，一般情况下，张女士会先于受益人去世。

股权在婚后产生的分红、铺面在婚后产生的租金以及保险在婚后产生的分红金和生存金，这几笔收益在法律上的性质是不同的。

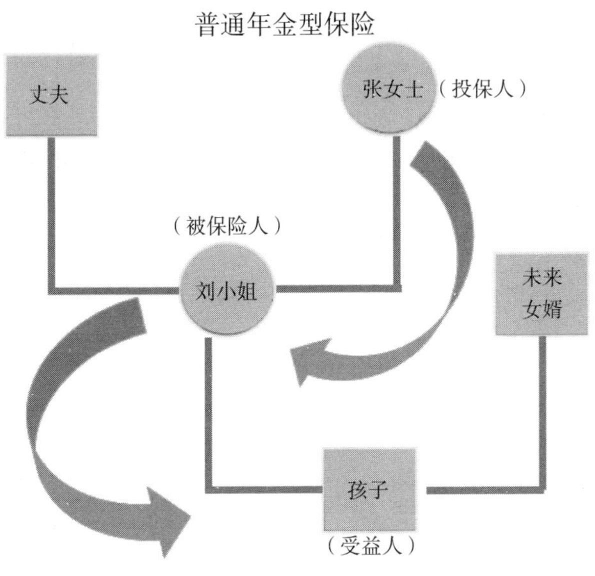

图4–2　普通年金型保险

假设张三在结婚的前一天用自己的婚前财产500万元投资了一家PE私募股权，投资完以后他结婚了，婚姻持续了10年后他离婚了。在离婚的前一天，当年500万元的PE私募股权投资的公司已经上市，价值10亿元。

问题来了，多出的995 000 000归谁？一定会有人说，这属于夫妻共同财产，当然也有人说，这属于个人财产。上面的这个问题需要分两种情况来讨论：第一种情况，投资人只负责投资，不参与经营，这种情况属于个人财产，根据《婚姻法》司法解释（三）第五条：夫妻一方个人财产在婚后产生的收益，除孳息和自然增值外，应认定为夫妻共同财产。第二种情况，投资人除了投资，还参与公司的经营管理，这种情况属于夫妻共同财产。因为根据《婚姻法》第十七条第二款，这属于经营性收益。重新回到刚才的话题，股权产生的分红、房子产生的租金、保险产生的生存金分别归谁所有呢？

夫妻一方的个人财产在婚后产生的收益，除孳息和自然增值外，应认定为夫妻共同财产，孳息和自然增值属于夫妻一方的财产，在离婚中不做分割。若参与经营，分红属于夫妻共同财产，婚前房屋在婚后出租（经营行为）产生的租金也是夫妻共同财产，那么保险会怎样？

张女士为刘小姐购买的这份保单，在刘小姐离婚以后是不会被分割的（因为张女士和刘小姐都没有参与保险公司的经营）。我在这里特别强调，从实际操作的角度来讲，最好不要把钱从保单中取出来，因为钱从保单中取出来再经过流转，其性质就很难界定了。前面所说的归纳成话术就是：父母为子女无论婚前或者婚后购买的保险，父母作为投保人，子女作为被保险人，在子女婚后，保险产生的利益均属于子女个人财产。

这里需特别注意，保险费是由张女士的母亲交的，如果张女士在婚内自己用夫妻共同财产投保，那么生存金是夫妻共同财产。“夫妻一方个人财产在婚后产生的收益，除孳息和自然增值外，应认定为夫妻共同财产。”父母作为投保人，子女作为被保险人的保险，属于子女个人财产。但是子女自己给自己投保，那就要分情况看待了。在面临债务的时候，保险财产又会出现什么样的情况？因为欠款，夫妻被共同告上法庭的，这个保单是不会被执行的。注意区别，不是保险不被执行，保险没有这么大的威力。为什么张女士这份保单在刘小姐被告上法庭时不会被执行？在此之前，先来了解一个重要的知识点：只有投保人的储蓄卡可以刷保费。

根据投保规则和相关规定，商业人寿保险谁是投保人，就要从谁的储蓄卡里刷保费。很多人都认为所有的银行卡都可以用来刷保费，甚至之前有一些知名公司开通了信用卡刷保费的业务，但这个业务已经在2016年被保险监督管理委员会明确停止了。如今，商业人寿保险只有投保人的储蓄卡可以刷保费，信用卡是不可以的。国家为什么会有这样的规定？因为刷投保人的储蓄卡，意味着每一笔钱都是投保人的钱（投保人也因此享有退保权和现金价值贷款请求权）。

在这个案例中，这笔钱是张女士的，子女在离婚时，这笔钱当然就不会被分割。既然不是刘小姐的钱，所以这笔钱当然可以不用还债，除非张女士是这笔借款的担保人。

案例：

操作失误，保单被分

我在四川省接触过这样一个案子：一位富商某天看到报纸上刊登了一则《子女结婚，父母不送黄金送保险》的新闻，于是当她女儿结婚的时候，她也买了一份保险，不幸的是她的女儿后来离婚了，而且这份保险也被分割了。这不禁让我想起一句话“橘生淮南则为橘，橘生淮北则为枳”。为什么这个富商的女儿的保险被分割了？这是因为她在购买保险的时候，没有按照我所说的方法做，没有在婚前或者婚后以投保人的身份为自己的女儿购买保险，而是选择在她女儿结婚以后，以她女儿的名义开了一张储蓄卡，将钱打到了女儿卡上，然后让她女儿既当投保人又当被保险人，买了一份保险。在这种情况下，女儿在离婚时，保

> 单就会被分割，其原因有两点：
>
> 第一，富商在女儿婚后把钱直接打到女儿的卡上，这种行为属于他对女儿夫妻俩的婚内赠予，并且她也没有根据《婚姻法》第十八条第三款的规定进行特别说明，法院有理由认定这笔钱属于夫妻共同财产。
>
> 第二，由她女儿当投保人，自己给自己购买的保险属于婚内财产，所以在女儿离婚时，财产要被分割。
>
> 我再一次提醒大家，投保人的选择非常重要，千万不要随随便便地就让一个人做投保人，这是不对的，也是对客户不负责任的行为。

希望大家能够对我说的这两个案例进行总结，并运用这些知识为客户提供更优质的服务。

《最高人民法院第八次全国法院民事商事审判工作会议（民事部分）纪要》指出：婚姻关系存续期间，夫妻一方作为被保险人依据意外伤害保险合同、健康保险合同获得的具有人身性质的保险金，或者夫妻一方作为受益人依据以死亡为给付条件的人寿保险合同获得的保险金，宜认定为个人财产，但双方另有约定的除外。婚姻关系存续期间，夫妻一方依据以生存到一定年龄为给付条件的具有现金价值的保险合同获得的保险金，宜认定为夫妻共同财产，但双方另有约定的除外（见图4–3）。

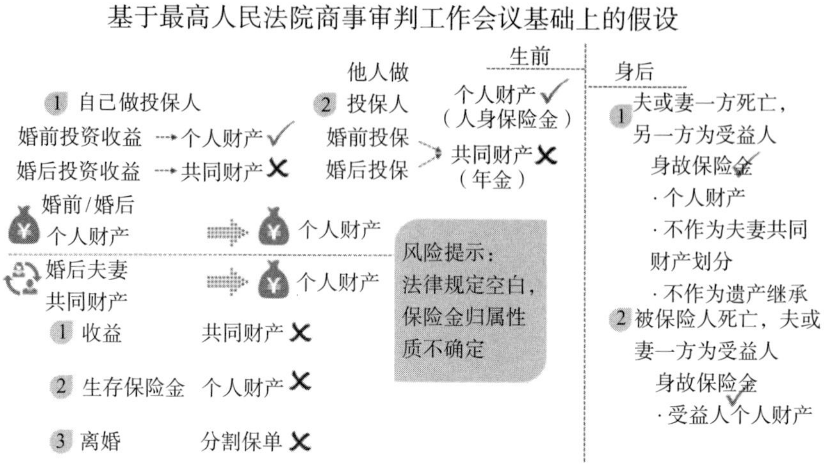

图4-3 保险资产的归属图

二、保险保护婚姻财产

案例：

财富管理的最佳解决方案

某天，一位客户找到我，向我咨询了一些问题。

他说："我的儿子马上就要结婚了，我准备用全款给儿子买一套新房和一辆车，并支持他创业。"

我回答："你这样做肯定是问过律师的，但律师仅从法律的角度来为你解答，如果从财富管理的角度来讲，这个方案还不完美。我给你提一些我个人的意见。”下面就是我的建议。

第一，按照自然规律来讲，你儿媳妇会活得比你长，如果你儿子的婚姻美满，那么最终一定是你现在的儿媳妇陪你的儿子走完一生。两人还没有结婚，你就以你儿子的名义全款买房买车，这样的做法难免让你的儿媳妇心生不悦。

第二，你虽然有今天的成就，但是你在24岁的时候一无所有，你的儿子现在24岁，没有经历过任何人生的风浪和考验。你让他什么努力都不做，就得到了房子、车子和自己心爱的女人，这从财商教育的角度上来说对你的儿子未必是一件好事。

第三，房子、车子一旦全款付清，就意味你儿子获得了所有权，如果后期，你儿子在房产证上又加上了你儿媳妇的名字，因为你已经丧失了资产的掌控权，你也没有办法干预今后的财产处置。

第四，你出钱支持儿子创业，通过创业来锻炼儿子的能力，这的确是一件好事，但你儿子如果因为没有任何经验而导致生意亏损，你之前为他所购买的车子和房子就成了你儿子的可执行财产。

> 第五，全款购买房子和车子不是一笔小数目，1 000多万元的流动资金直接变成了钢筋水泥，就失去了流动性，而资产一旦失去了流动性，收益就很难获得了。

这种影响儿子夫妻感情，不利于儿子财商教育，不利于资金的收益性和流动性，而且直接让你的儿子拥有资产的掌控权的方法，并不好。

如果我今天告诉你使用同样的方法，花同样的钱，可以提高你儿子的财商，不让你的儿媳妇以及你的亲家生气，而且可以解决我前面说的那几个问题，不需要你多花一分钱，还可以分期支付，你愿意听吗？

我们一起来看这个方案：

买房、买车，并写上儿子和儿媳妇的名字，但你只付首付，并且按揭期限拉长，这样做，即使他们离婚，你的损失也不会太大。

然后以父亲为投保人，儿子为被保险人购买一份理财险，父亲为受益人。

以父亲为投保人，儿子为被保险人，儿媳妇为受益人购买一份健康险（见图4–4）。

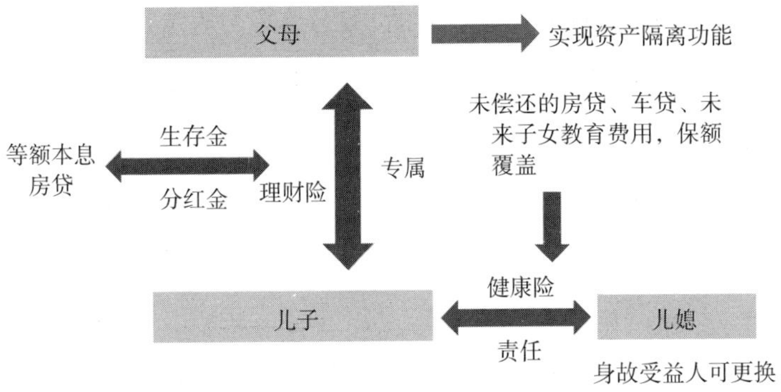

图4–4　案例分析图

这样做的思路如下：

儿子的房子是按揭购买的，而且儿子和儿媳妇的工资加起来不足以偿还房贷。父亲为投保人，儿子为被保险人，购买一份理财险，这份理财险每年都会产生生存金和分红，这份生存金和分红加起来除以12个月加上儿子和儿媳妇的公积金，大约可以覆盖房贷（选择等额本息还款方式，这样每月房贷恒定，充分利用保险的时间换空间）。确定了每年的生存金和分红金，你就可以推算出理财险的保额。确定了保额，你就可以确定交费年限和每年的保费。

特别注意：理财险每年产生的生存金和分红除以12个月和儿子、儿媳妇的公积金加起来一定要等于等额本息的房贷。

由于保监会在2017年颁布的134号文中的规定，年金保险需要等5年才可以领取第一笔生存金，因此这样的规划应该在子女婚前就做。

以父亲为投保人，儿子为被保险人，儿媳妇为受益人，购买一份健康险，这个健康险的保额应该是多少？它应该覆盖未还的车贷、房贷以及未来子女教育，儿子的重大疾病医疗和收入损失叠加（基本保额销售法的知识）。特别注意：身故受益人一定要写儿媳妇的名字，这样他们如果离婚，就能实现资产隔离的功能，因为这份保险的投保人是父亲，并且是在儿子婚前购买的。

通过这种方法，你不仅可以牢牢地将资产掌握在自己的手中，虽然房产证上写了两个人的名字，二人离婚会造成损失，但是损失不大，而且这么做不伤害小夫妻之间的感情，他们共同偿还这笔房贷，对这个房子就会更加有归属感和认同感。

如果二人离婚，最大的资产——理财险的投保人是父亲，所以不会分割这笔财产。至于健康险的身故受益人为什么要写儿媳妇，我要提醒每位代理人和理财经理，我们做的保单一定要有温度，不能太过冰冷，这里一定要考虑到两家的关系。而身故受益人是保险中不花一分钱就可以做足面子的事情，所以这里要写儿媳妇的名字。

那么万一儿子和儿媳妇离婚了，怎么办？特别简单，把身故受益人换了就可以了（投保人、身故受益人都是可以被改变的）。这就是财富管理，钱不用一次性拿出去，而且钱的掌控权在自己的手里，这样做既不得罪亲家，又教育了儿子和儿媳妇，让他们好好还房贷。年轻人有点儿房贷压力绝对不是坏事。

这就是保险的实际运用，至于我所说的这几张保单，具体要用什么样的产品，请用自己公司对应的产品解决问题。我不做任何产品推荐。

案例：

保险，早买早好

张三先生和李四小姐结婚，张三先生的月收入50万元，李四小姐的月收入是5万元。张三先生非常孝顺，从婚后的第一年开始每个月都会从自己的工资中拿出40万元给他的母亲，而他这种行为在法律上属于尽赡养义务，法律支持公民尽赡养义务。当张三先生每个月把这40万元交给他母亲的时候，他的母亲就会做一件事，那就是购买一份保单，由张三的母亲当投保人，张三是被保险人，张三的母亲是身故受益人。请问这份保险在离婚的时候会被分割吗？

这种情况非常复杂。简单做个分析：张三在尽赡养义务的时候，这些钱的所有权已经因为尽赡养义务而被合法转移了。但是钱的数额不能“过高”，如果数额“过高”，张三就会有恶意转移夫妻财产的嫌疑。但是具体多少钱才算“过高”，没有统一标准。另外，我接触过一个特殊的案子，一位客户给自己的母亲赡养费，但是他用自己妻子的卡转的钱，虽然赡养费给得很多，但是最终法院认定这是夫妻共同的意愿，所以这笔钱没有被追索。

既然钱已经被合法转移了，为什么张三还让母亲给自己买保险？当然要买，因为如果他不买，他的母亲一旦去世，这笔钱就会被当作张三母亲的遗产，一场家庭遗产的纠纷就会由此展开。立遗嘱，如果母亲离世的时候国家开征遗产税，那么财产也会受到很大损失。为了解决问题，张三决定先把钱拿出去，再让母亲把钱“锁”回来，母亲用什么锁？当然是用保险来锁，因为这本来就是张三的钱。看到这里，很多人会想：自己假如离婚，就可以在离婚前一个月拿500万元给自己的母亲，让她给自己买份保险。

然而，现实生活中这种情况行不通。《婚姻法》第四十七条规定，离婚时，一方隐藏、转移、变卖、毁损夫妻共同财产，或伪造债务企图侵占另一方财产的，分割夫妻共同财产时，对隐藏、转移、变卖、毁损夫妻共同财产或伪造债务的一方，可以少分或不分。离婚后，另一方发现有上述行为的，可以向人民法院提起诉讼，请求再次分割夫妻共同财产。

这个条款就是针对离婚前突然变“孝子”的人，这个法律条款的前三个字是“离婚时”，换言之就是离婚前做这件事是不被允许的。这个“离婚时”的具体时间范围是多久？一个月？一年？两年？法律没有明确规定。所以大家知道结婚的时候该怎么办了吗？

当然以上判断只是针对绝大多数情况，如果这样的方式的资金数额巨大，那么你有可能被冠以“用合法手段掩盖非法目的”，至于具体的数额，由于我国不是判例法国家，所以我无法做精确总结。但是值得肯定的是，你越早做越好，而且一定要选择期交（趸交保险在法庭上，法官会大多会主观认为，你要借用保险之壳损害他人利益，期交就没有这个问题）。

比如，小A在2016年5月17日因为债务问题要被法院执行财产，5月18日小A立刻将自己储蓄卡上的50 000元买了健康保障类保险。查明小A无其他财产可供执行。

再比如，小A在2016年5月17日因为债务问题要被法院执行财产，小A正好在5月18日被保险公司扣除了一笔健康险的续期保费50 000元，这张健康险保单是小A在2014年5月18日购买的。查明小A无其他财产可供执行。

以上两份保单哪份会出问题？

答案是前者。虽然我前文提到过健康险的现金价值几乎是不可能被法院强制执行的财产，但是前者中的小A想利用健康险和生命价值绑定的性质转移财产。这样做不符合《合同法》的规定：

《合同法》第五十二条规定：有下列情形之一的，合同无效。

（一）一方以欺诈、胁迫的手段订立合同，损害国家利益；

（二）恶意串通，损害国家、集体或者第三人利益；

（三）以合法形式掩盖非法目的；

（四）损害社会公共利益；

（五）违反法律、行政法规的强制性规定。

在后者情况中，代理人请注意，小A缔约的时间（购买保险和保险公司签订合同）。在小A购买保险的时候，他还没有卷入债务纠纷，因此不符合《合同法》第五十二条第三款规定，虽然他在被执行的时候交了一笔保费，但是这笔保费是基于2014年的合同，小A需要向保险公司履行相应的义务，这是履约行为，因此小A在后者的保单没有问题。

我教给各位代理人一个方法，结婚以后，你一定要急着给父母钱，并且一定要多给，让父母用这笔钱给自己买保险。这用营销话术该怎么说？

我给大家分享一段自己的经验总结：

你可以对女性客户说：“女人，什么最重要？当然是安全感，安全感来源于什么？家庭？婚姻？事业？这些都对，但还差一样，它就是一笔属于自己的专属财富，没有财富，何来安全感？”

我曾经看过一句话“世界这么大，我想去看看”，这句话非常有深度，而有人立刻回了这样一句，“钱包这么小，哪也去不了”。

你如果想去美国旅游，却没有钱，该怎么去？游过去吗？

所以，女人一定要有一笔属于自己的私房钱。今天存私房钱最好的方法当然不是把钱平铺在枕头下，而是你通过尽赡养义务把钱拿给父母，让父母反过来给你购买保险，这件事越早做越好。

当每一个人都开始用保险来存私房钱的时候，这个世界的保险还难卖吗？换句话来讲，这个世界的保险是卖出去的吗？它不是卖出去的。

保险是在被用来解决问题的时候，作为一种金融工具顺便被销售出去的，用现在的一句流行语来说就是，“我在追求理想的过程当中顺便挣钱，而不是为了挣钱埋没了自己的理想”。

不过，我刚才所说的情况也存在一定风险，那就是如果父母不幸逝世，怎么办？出现这种情况的时候，你只有自己照顾自己了。如果投保人是父母，在父母去世以后，你如果要更改没有交完的保险的投保人为被保险人，需要投保人的所有继承人签字，这是一件非常麻烦的事情，因此特别大额的保单，应当附上公证遗嘱，以避免此类问题发生。

在婚姻关系存续期间，自己给自己购买的理财险在婚姻关系破裂时，是一定会被分割的，只不过分割的不是保费而是现金价值的一半。如何才能避免被分割？

自己给自己购买的健康险在离婚时是不会被分割的，但有一些地方法院会在判决中要求把健康险现金价值的一半或者不到一半分给对方，作为象征性补偿。

这个时候，不要担心，因为健康险的现金价值很低，所以买保费高一点儿的产品也无所谓，反正你能负担得起。而健康险越早买越好，为什么？

保额越高，锁定未来的资产就越高，传承的资产也越高。你的身家和保障更高意味着你接下来的生活都不会给你的家庭和配偶增加麻烦。

中国没有任何一条法律条文和判例说明婚内购买健康险可以不被分割，我为什么还会建议大家在婚姻存续期间给自己购买健康险？因为我从上百份判决书里找到了一个共同点，那就是健康险保的是人的生命价值，与生命价值绑定的利益在法律框架下的财富管理上有很大的便利性。

假设一个人25岁结婚，55岁离婚，离婚的时候健康险还被分掉了，这真的很惨：第一，他失去了爱情；第二，类似的保险产品再也买不到了，就算买到差不多的产品，也买不了保额那么高的，而且越买越贵。这个年纪的人罹患重大疾病的概率高了不少，这是非常不公平的，所以在唯一人生属性面前，生命权一定大于财产权，因此离婚时，健康险也是不被分割的，只是象征性地做些补偿（因为健康险的现金价值本身就很低，尤其是“增额”型，也就是保额会增长的健康险。定额型健康险的现金价值更高）。

案例：

小技巧留住孩子教育金

陈先生和李女士离婚，而李女士在离婚前一个月购买了某公司趸交类保险产品（无危险保额，储蓄类保险），一次性交费270万元，投保人为李女士，被保险人为儿子小陈，身故受益人为李女士。陈先生在起诉离婚的时候要求法院分割这份保单。

李女士如果不做这份保险计划，后果是什么？《婚姻法》第十七条规定，夫妻对共同财产有平等处理权。所以其后果是两人均分财产，每人分135万元，李女士为什么要做这份计划？我们可以做一个推测，她之所以做这件事，是因为她不想分这笔钱，或许她认为买了保险以后就可以不必均分这笔钱了。

但是，用夫妻共同财产购买保险就可以防止被均分，这样的想法没有任何法律依据。在婚内，用夫妻共同财产购买的保险绝大多数都是要被分割的，只有在极特别的情况下，它们才不会被分割。

我们再来分析一下这个案子，寿险的投保人是李女士，被保险人是她的儿子小陈，小陈是一个未成年人，李女士为什么要选择儿子小陈为被保险人？

我们暂且将这个问题放一下，先考虑这270万元的财产归谁？我在讲课的时候，经常会有人说这270万元应该归儿子小陈，但是这个观点是错误的，没有人购买保险是把保费交给被保险人的。

正确的理解是这笔财产应该属于保险公司，那么保险公司拿到这笔钱又会用它来做什么？它应该给投保人一份保单，在法律上叫作合同，它确定了双方的权利和义务。投保人的义务就是交保费，现在李女士的义务已经履行了，交完保费以后就该享受权利了。世上没有不享受权利的义务，也没有不承担义务的权利。

这里又有一个问题，我们向保险公司购买保险，买的是什么？买的就是被保险人以他的年龄、身体条件甚至生命作为标的的期待权，而且是财产性给付的期待权，不论你在哪家保险公司购买理财险，只要是普通年金型的，就都是以被保险人的生命期限为基础条件的。有的人会反问：如果我买的是健康险，会怎么样？健康险就是以被保险人是否患某种合同约定的疾病作为一种条件，也就是说，以被保险人的生命健康权作为一种期待权，如果被保险人患上其中的疾病，他就可以定向向保险公司申请赔付保额的全部或者其中一部分。买理财保险买的就是一种财产性的期待权，并且以被保险人的年龄、身体条件，甚至生命作为标的。

接下来又有一个问题，一份保单的第一利益指向是谁？有人说是投保人。之所以会让大家产生这样的想法，是因为保费是由投保人支付的，但是保险合同不是谁出钱就保谁，保险合同的第一利益指向是被保险人（此时讨论的是投保人和被保险人不是同一个人的情况）：

最高人民法院《关于适用〈中华人民共和国保险法〉若干问题的解释（三）》：

第十条：投保人或者被保险人变更受益人，当事人主张变更行为自变更意思表示发出时生效的，人民法院应予支持。

投保人或者被保险人变更受益人未通知保险人，保险人主张变更对其不发生效力的，人民法院应予支持。

投保人变更受益人未经被保险人同意的，人民法院应认定变更行为无效。

从以上内容可以看出，钱虽然是投保人出的，但是决定是否参保的人其实是被保险人。被保险人和投保人在对身故受益人的指定有异议时，是由被保险人说了算的。每一份保单都是以被保险人的年龄、身体条件、身体健康作为标的的。投保人和被保险人是同一人时除外。

我们可以得出结论，被保险人是第一利益指向人，而受益人是第二利益指向人，其原因是受益人是可以随意被换掉的，但是被保险人换不掉，只有当被保险人去世以后，才会有身故受益人。

我们再反过来看这个案子，这是一份普通年金储蓄类保险，这就意味着被保险人只要活着，就可以定期向保险公司申请给付生存金。但这个案子有些特殊，因为她的儿子小陈是一个未成年人，原告又是小陈的父亲，陈先生状告的原因就是基于夫妻对共同财产有平等的处理权，李女士选择在离婚前一个月购买保险，其意图明显，并且李女士购买保险也并未询问过陈先生的意见。

在这种情况下，陈先生是否能成功地分割这份保单？我们先来看一下法律的规定。如果陈先生的这个案子胜诉会产生什么结果？

案子胜诉以后，保单一定会被退掉，现金价值的135万元归陈先生所有。有人会问，如果退回的现金价值不足135万元，怎么办？这种情况是不可能出现的，在中国现有的趸交产品中没有一款产品是低于保费的50%的。

假设陈先生赢了这场官司，保单被成功地退掉，作为第一利益指向人的被保险人又是一个未成年人，这就相当于陈先生一旦成功退保，就会影响被保险人的利益。法院是否会同意？我们来看一下相关法律条文：

《民法通则》第十八条：监护人应当履行监护职责，保护被监护人的人身、财产及其他合法权益，除为被监护人的利益外，不得处理被监护人的财产。

换言之，只要小陈活着，从这个保险中拿到的生存金就是被监护人的财产，所以这份保单被退掉，被监护人的财产就会受到损失。这和《婚姻法》第十七条有冲突，夫妻对共同财产有平等处理权。但如果在处理的过程中，间接伤害到了未成年人的利益，这时《婚姻法》第十七条就与《民法总则》第二十六条和三十七条产生了价值冲突[①]，这时法律会选择保护哪一方呢？答案当然是保护未成年人的利益，所以这份保单不会被退掉。夫妻离婚以后，就算孩子被判给陈先生抚养，但是李女士和她的儿子的保险利益依然存在，因此法院不会让李女士更换投保人为陈先生。我们试想，在不远的将来，如果李女士急用现金，是否可以通过保单贷款呢？当然可以。但是如果此时陈先生要追溯，也不是不可以，但是李女士只要在陈先生追溯的时候，把现金价值80%的贷款金额还回保险公司即可。只要李女士不退保，保单产生的生存金就永远归儿子小陈所有。但是值得注意的是，如果李女士退保，那么退保以后的现金价值是被要分割的，因为当初购买保险的保费属于夫妻共同财产。

接下来，让我们再从销售的角度分析这个案例，将这个案例转换成客户筛选模板：

你有没有结过婚的朋友？你结过婚的朋友里，孩子有没

① 第二十六条：父母对未成年子女负有抚养、教育和保护的义务。成年子女对父母负有赡养、扶助和保护的义务。第三十四条：监护人的职责是代理被监护人实施民事法律行为，保护被监护人的人身权利、财产权利以及其他合法权益等。监护人依法履行监护职责产生的权利，受法律保护。监护人不履行监护职责或者侵害被监护人合法权益的，应当承担法律责任。

有未成年的？你结过婚的朋友里，有没有感情不好要离婚的？你的朋友里有没有即将要离婚的？你的朋友有没有即将离婚但不想被分钱的？如果有的话，那么只要你朋友的保险的被保险人是未成年人，那么父母为子女买的每一笔教育金，就是为自己存的私房钱。点到为止，这就叫作保险的法律式营销。

这个案例在实务中有相应的判决作为支持：夫妻双方在婚内给子女购买了很多保险，离婚的时候这些保单均未被分割。[①]

基本案情：何某与赵某于1992年1月登记结婚，1994年4月生育一女赵小某。何某和赵某于2014年11月27日经北京中院调解离婚，共同财产未做分割。现何某要求分割赵某在婚姻存续期间所购保单的现金价值的一半。

经审理查明，在双方婚姻存续期间，赵某作为投保人购买了5份人寿保险，其中4份保单的被保险人为赵小某，还有一份是赵某为自己投保的保险。

法院观点：对何某要求分割5份保单现金价值的诉讼请

① 北京市第三中级人民法院民事判决书〔2016〕京03民终16号。

求，其中4份保单的被保险人为何某、赵某的女儿赵小某，应属两人在婚姻期间对共同财产的处分，其要求分割没有依据，法院不予支持。还有一份是赵某为自己投保的保险，何某要求分割该保单现金价值的诉讼请求法院予以支持。

第五章

财富传承不要“分”：保险让你富过三代

王永庆，这位中国台湾商界泰斗，2008年以91岁高龄去世。以生活勤俭著称的他，将台塑集团缔造成了亚洲最大的制造集团。

《福布斯》杂志1987年首次发布全球亿万富豪榜时，王永庆的名字赫然在列。他过世那年，他和他家族成员的净资产估值达到68亿美元。

王永庆家族成员的关系错综复杂。他过世后得到法院承认的遗产价值20亿美元，这场纠纷关系到的利益之所以重大，不仅因为其中涉及的财富数额巨大，而且因为这笔遗产涉及了巨额遗产税。

一、合理传承

孟子曰："道德传家，十代以上，耕读传家次之，诗书传家又次之，富贵传家，不过三代。"

这句话后来逐渐演变成了一句俗语“富不过三代”。从历史来看，我国有十大商帮，即福建商帮、广东商帮、陕西商帮、山东商帮、宁波商帮、晋商、徽商、龙游商帮、洞庭商帮、江西商帮。但是历经风雨洗礼，这些商帮现在或许仍旧在地方经济中占有一席之地，但若想再现雄风似乎很难。

在古代社会相同的历史阶段，西欧国家和日本都实行长子继承制，而在中国通行的继承方式是诸子均产。俗话说：“树大分叉，儿大分家。”每一个家庭发展到一定时期难免会分家，家庭本身就由婚姻—生育—聚产—分家（继承）等多环节构成。

不止在古代，当今中国的许多家庭仍旧实行财产均分的方法。这种方法其实源于中国人对情感的重视，以及通过财产继承的方式将自己的希望寄托于每一个子孙。但是这种方法对财富的传承是极为不利的。

放眼世界，美国肯尼迪、福特、洛克菲勒、福布斯等家族一直传承至今，并没有出现所谓的“富不过三代”。再看日本，大家族也没有出现类似的情况，有些家族甚至从江户时代就开始兴旺，一直延续至今。因此，在国内，做好财富传承就显得尤为重要，一份合理的财产继承规划能够让家族的财富薪火相传。

从近100年的历史来看，社会的动荡导致我国近现代很难有“传家成功”的示范案例。直至新中国成立，尽管中间经历了波折，但从1978年实行改革开放开始，我国经济步入飞速发展阶段。

改革开放初期的第一批创业者，即将步入从企业管理向家族转型的阶段。因此，未来10年到15年，传承将会是财富管理领域最热的主题。传承和继承不是一个概念，传承代表的是人脉的维系，家族价值观的一脉相传，最后才是财富的继承。

王永庆离世后的财产继承问题，实际上也是大多数富豪未来要面临的问题。如何成功地解决这个问题，将其与保险营销相结合？我们首先要对传承有所了解。

每个临近人生终点的人，都希望自己的财富能够让自己最中意的人传承下去。一般财富传承有三种方式：家族信托、遗嘱、人寿保险。这三种方式各有各的好处，但每一种方式都有自己的缺陷（见图5–1）。

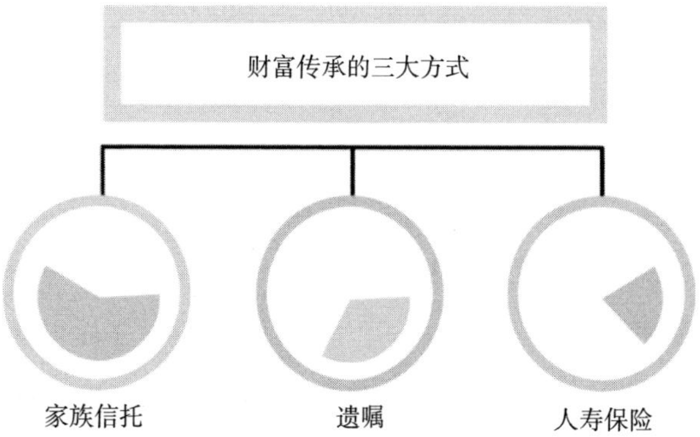

图5–1　财富传承的三大方式

1.家族信托。在电视连续剧《人民的名义》中，除了赵处长家整墙人民币的视觉冲击外，最令人震撼的恐怕是高小琴在香港设立的2亿元信托基金了。这2亿元信托基金不仅将道貌岸然的“育良书记”拉下马，而且成功地实现了对大众的信托知识普及。

家族信托是一种信托机构受个人或家族的委托，代为管理、处置家庭财产的财产管理方式，以实现富人的财富规划及传承目标。

家族信托可以实现资产的所有权与收益权相分离。富人一旦把资产委托给信托公司打理，该资产的所有权就不再归他本人，但相应的收益依然根据他的意愿收取和分配。即使离婚分家产、意外死亡或被人追债，这笔钱都将独立存在，不受影响。家族信托能够更好地帮助高净值人群规划“财富传承”，也逐渐被中国富豪认可。在我国家族信托成立的时候，相关机构对成立资金的合法性的审查不是非常严格，2016年12月19日中国信托登记有限责任公司成立，国家要求家族信托登记，进一步施行资产透明化管理，同时对信托设立的资金更加严格监管。另外值得注意的是，我国对外汇的管制很严，《信托法》对很多实质性的东西没有明确规定。因此最近几年，私人财富领域的家族信托在国内的实际操作和国外真正意义上的家族信托能达到的目的，还相差甚远。

2.遗嘱。从法律上讲，选择了遗嘱其实意味着已经把财产定义为遗产，也就是在传承上选择了《继承法》。《继承法》第三十三条规定：继承遗产应当清偿被继承人依法应当缴纳的税款和债务。换言之，如果选择了遗嘱，那么被继承人去世以后，他欠的债务要先偿还，而且还完债以后还要交税。交什么税？当然是遗产税。尽管目前我国还没有遗产税，但不代表以后没有。你能够决定这辈子欠不欠钱，却不能够决定这辈子交不交税。

遗嘱最方便、最简洁，包容的财产形态也最多，但是它需要还债，需要交税。

为了让代理人有更加清晰的认识，我会在下面的案例中进行详细说明。

案例：

生前负债对财富传承的影响

2017年11月25日，泉州市中级人民法院民四庭成功地调解农业银行石狮支行与富贵鸟集团等金融借款合同系列案件共计11件，诉讼标的金额高达2.9亿元。因担保人林国强（富贵鸟前董事）已去世，银行提出诉讼请求，追究其配偶及子女作为第一顺位继承人在继承遗产范围内承担连带清偿责任，其子女均为中国香港特别行政区居民，查明身份情况、送达等程序都将严重拖延诉讼时间。民四庭在审理过程中积极地采取多种措施，主动联系被告方，对林某的配偶进行释法说理，积极地促成林某的子女放弃继承其父财产，并到庭声明放弃继承权，成功调解了此系列案件，尽最大可能地为金融机构挽回了损失。

林先生因为生前债务数额巨大，导致子女继承其遗产也没有意义，因为即使他们继承了遗产，也要在继承财产的范围内偿还被继承人的债务。

《继承法》第三十三条规定：继承遗产应当清偿被继承人依法应当缴纳的税款和债务。

所以在没有立遗嘱，没有家族信托，也没有购买保险的情况下，遗产分配的正确顺序应该是：①债务偿还；②税务缴纳；③夫妻共同财产分割；④遗产继承。

案例：

遗嘱与中华遗嘱库

未来我国对遗嘱的需求将快速增加，专业人士已经看到了这方面的需求，并积极完善相关制度。

美国有一种职业叫作遗嘱执行人，中国却没有。这一方面是因为国内很多人对遗嘱的设立还没有重视起来，另一方面是很多人不知道如何正确地设立遗嘱。

你如果想要写一份遗嘱，并且这份遗嘱具有一定的法律效力，这难不难？从理论上讲，这也没你想的那么难。

那么设立遗嘱究竟难在什么地方？设立遗嘱难在两点：①保管；②执行。

在一般情况下，设立遗嘱不难。但当遗嘱设立人是富翁，那么问题就来了。

假设现在有一个富翁，他有三个儿子，根据三个儿子的表现，他无法对自己的遗产进行均分。于是他找了一位律师代写遗嘱，并将财产非平均地分给三个儿子。

律师在写完遗嘱以后能不能帮富翁代为保管？当然可以。但是这要有一个前提：富翁的孩子不知道这份遗嘱的存在。

我之前所说的保管遗嘱难，并非指难在法律，而是指难在人情。由于这位富翁在遗嘱中未能对他的财产进行均分，所以当他的儿子们知道这份遗嘱的存在以后，他们就一定会想方设法地知道里面的内容，内容一旦被人知道，代为保管的律师的人身安全就不能得到有效的保证。

当这位富翁去世以后，他的三个儿子很快会找到这位代写代管遗嘱的律师。

当大儿子找到律师时，他会要求律师拿出遗嘱，通过查看遗嘱，他发现富翁给自己留下了50%的遗产，他表示很开心。

二儿子知道了遗嘱的存在也会来找律师，却发现自己只有40%的遗产，虽然会有一点儿不开心，但总的来说还能过得去。

最后，三儿子也来了，结果看到自己只有10%的遗产，而自己的两个哥哥都比自己的遗产多。

此时，故事就有可能往以下方面发展，这个三儿子会对律师说："你可以来参加我父亲的葬礼，但不能带着这份遗嘱来，如果你执意要带来，那么我让你永远地消失。"

虽然这个案例有些负面，但是人们当拥有足够多金钱的时候，就会面临这样的风险。富翁既然不能委托律师代写代管，那么把遗嘱放在哪里比较安全呢？放在律师事务所吗？这也不科学，律师事务所万一解散了怎么办，律师万一被收买了怎么办？

基于这些问题，国内有人牵头发起建立了中华遗嘱库。

中华遗嘱库是按照《国家基本公共服务体系"十二五"规划》（国发〔2012〕29号）、《社区服务体系建设规划（2011—2015

年）》（国办发〔2011〕61号）、《社会养老服务体系建设规划（2011—2015年）（国办发〔2011〕60号》）和《民政事业发展第十二个五年规划》（民发〔2011〕209号）等文件的精神和要求，根据《中华人民共和国老年人权益保障法》关于“依法设立的老年人组织应当维护老年人合法权益，为老年人服务”和“提倡、鼓励义务为老年人服务”的规定，为发挥社会组织在社会管理创新中的积极作用，维护老年人的合法财产和继承权益，弘扬敬老爱老文化，促进家庭和谐，由中国老龄事业发展基金会和北京阳光老年健康基金会决定共同发起主办、由北京市工商联信息化商会协办的公益项目。中华遗嘱库已经获得北京市社会建设专项资金支持。

在设立遗嘱的过程中，他们会有专门律师在场，安排专业摄像，甚至连立遗嘱的纸都是遗嘱专用纸。使用这种纸就是为了防止在书写遗嘱的过程中汗渍污染了纸张，导致文字不能被识别。

从法律上来说，中华遗嘱库不论从设立遗嘱、保管遗嘱、执行遗嘱等流程上看，都是非常完备的。

国内的很多省会城市，都陆续建立了这样的组织，未来也会向其他城市拓展。我认为，中华遗嘱库一定会成为中国未来财富传承领域里非常重要的机构。

因为我们了解的商业人寿保险解决的只是现金问题，而人的资产形式远不止现金这一种，还有房子、车子、股权、古玩、字画等，这些都不属于现金范畴，这时就需要有一套完善的遗嘱设立流程，而中华遗嘱库就是这样的机构，写遗嘱、保管遗嘱、执行遗嘱，这些功能均能在中华遗嘱库中实现。

3.保险。受益权“优于”债权与继承权。保险代表受益权。《保险法》第二十三条规定：任何单位和个人不得非法干预保险人履行赔偿或者给付保险金的义务，也不得限制被保险人或者受益人取得保险金的权利。根据国家法律规定，只要写明了身故受益人就不属于遗产，而受益权优于债权和继承权。

二、传承中利用保险防止债务纠纷

很多代理人在推销保险的时候会喊出一个响亮的口号：“保险能够做到和债务分离，并且可以免于司法执行。”

更有甚者会夸大其词，称：“只要买了保险，你就可以欠钱不用还。”

真是这样吗？我们先来看一看有关法律法规的规定：

《保险法》第二十三条：任何单位和个人不得非法干预保险人履行赔偿或者给付保险金的义务，也不得限制被保险人或者受益人取得保险金的权利。

这里说的是受益人取得，可并没有说受益人取得保险金后，保险金什么时候都不能被执行。

最高人民法院已经发函称：基本养老，也就是社会保险都可以有条件地被司法执行。商业保险难道能成为例外，不能被执行吗？

在现实生活中，部分省级高等法院发文明确表示，可以执行保单的现金价值，尤其是理财型保险。

而且“欠钱不还”是一件非常不道德的事情。因为借钱这种行为是建立在信任的基础上的，而故意借钱不还这种行为不仅辜负了别人的信任，而且违背了道德底线和做人的根本。

我接下来所说的“欠债不用还”是另一种情况，并非让大家以此为由恶意借款。

1.保险在债务关系中的运用。

案例：

买保险是否真的不用还债

母亲为父亲投保了2 000万元的人寿保险，身故受益人是他们的儿子，父亲生前欠A 1 000万元，儿子欠B 1 000万元。父亲去世以后，A的1 000万元需要偿还吗？

答案是不还。因为父亲去世以后，这2 000万元不能被称作遗产，而应被叫作身故保险金。身故保险金在指定明确有继承人的情况下，不属于遗产，因此不需要偿还A。不属于遗产就不受《继承法》约束，《继承法》第三十三条就对这1 000万元无效（见图5–2）。

那么当儿子领取了这2 000万元的身故保险金，他需不需要偿还B的1 000万元呢？

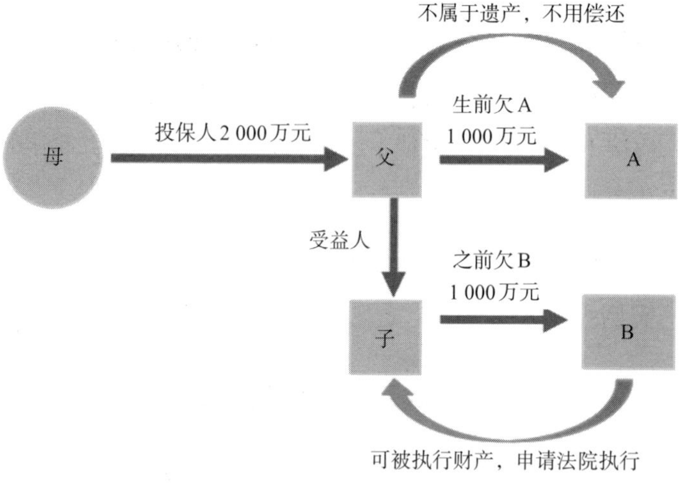

图5–2　买保险是否真的不用还债

答案是当然要还。因为儿子欠B 1 000万元，在领取身故金后，儿子自然要履行还债的义务。

保险为儿子节省了1 000万元，但这真的全是保险的功劳吗？父亲欠A 1 000万元的债务，从法律角度来说，本来就与儿子毫无关联。保险在这个案件中起到的最大的作用不是避债而是避开了遗产税，因为身故保险金的领取以及领取的程序是按《保险法》的规定。通俗来说，《继承法》是无法干涉《保险法》的。

我提出一个大家很容易忽略的问题：身故受益人写“法定”，身故保险金是否算作遗产？我们先来看一下相关法律规定。

《保险法》第四十二条:【未指定受益人时和被保险人、受益人同时死亡时保险金的处理】

被保险人死亡后，有下列情形之一的，保险金作为被保险人的遗产，由保险人依照《中华人民共和国继承法》的规定履行给付保险金的义务：

(一)没有指定受益人，或者受益人指定不明无法确定的；

(二)受益人先于被保险人死亡，没有其他受益人的；

(三)受益人依法丧失受益权或者放弃受益权，没有其他受益人的。

受益人与被保险人在同一事件中死亡，且不能确定死亡先后顺序的，推定受益人死亡在先。

《最高人民法院关于保险金能否作为被保险人遗产的批复》明确：根据我国保险法规有关条文规定的精神，人身保险金能否列入被保险人的遗产，取决于被保险人是否指定了受益人。指定了受益人的，被保险人死亡后，其人身保险金应付给受益人；未指定受益人的，被保险人死亡后，其人身保险金应作为遗产处理，可以用来清偿债务或者赔偿。

《最高人民法院关于适用〈中华人民共和国保险法〉若干问题的解释(三)》第九条：

投保人指定受益人未经被保险人同意的，人民法院应认定指定行为无效。

当事人对保险合同约定的受益人存在争议，除投保人、被保险人在保险合同之外另有约定外，按照以下情形分别处理：

（一）受益人约定为“法定”或者“法定继承人”的，以《继承法》规定的法定继承人为受益人；

（二）受益人仅约定为身份关系，投保人与被保险人为同一主体的，根据保险事故发生时与被保险人的身份关系确定受益人；投保人与被保险人为不同主体的，根据保险合同成立时与被保险人的身份关系确定受益人；

（三）受益人的约定包括姓名和身份关系，保险事故发生时身份关系发生变化的，认定为未指定受益人。

如果人身保险有指定受益人且受益人不是被执行人，那么依据《保险法》第四十二条的规定，保险金不作为被执行人的财产，人民法院不能执行。如果人身保险没有指定受益人或者指定的受益人为被执行人，发生保险事故后理赔的保险金就可以被认定为被执行人的遗产，可以被用来清偿债务。具体如下：

《广东高院关于执行案件法律适用疑难问题的解答意见》中的问题十一：被执行人的人身保险产品具有现金价值，法院能否强制执行？

处理意见：首先，虽然人身保险产品的现金价值是被执行人的，但关系人的生命价值，如果被执行人同意退保，法院可以执行保单的现金价值，如果不同意退保，法院不能强制被执行人退保。其次，如果人身保险有指定受益人且受益人不是被执行人，依据《保险法》第四十二条的规定，保险金不作为被执行人的财产，人民法院不能执行。再次，如果人身保险没有指定受益人或者指定的受益人为被执行人，发生保险事故后理赔的保险金可以认定为被执行人的遗产，可以用来清偿债务。

主要理由:《中华人民共和国保险法》第四十二条规定:被保险人死亡后，有下列情形之一的，保险金作为被保险人的遗产，由保险人依照《中华人民共和国继承法》的规定履行给付保险金的义务:(一)没有指定受益人，或者受益人指定不明无法确定的;(二)受益人先于被保险人死亡，没有其他受益人的;(三)受益人依法丧失受益权或者放弃受益权，没有其他受益人的。受益人与被保险人在同一事件中死亡，且不能确定死亡先后顺序的，推定受益人死亡在先。《最高人民法院关于保险金能否作为被保险人遗产的批复》明确:根据我国保险法规有关条文规定的精神，人身保险金能否列入被保险人的遗产，取决于被保险人是否指定了受益人。指定了受益人的，被保险人死亡后，其人身保险金应付给受益人;未指定受益人的，被保险人死亡后，其人身保险金应作为遗产处理，可以用来清偿债务或者赔偿。

所以上述问题的结论是：受益人如果写“法定”，那么不算

“没有指定或者指定不明”，而是按照《继承法》第十条规定的顺序继承，因此身故保险金写“法定”，身故保险金仍然不算遗产。

《继承法》第十条：遗产按照下列顺序继承：

> 第一顺序：配偶、子女、父母。
>
> 第二顺序：兄弟姐妹、祖父母、外祖父母。
>
> 继承开始后，由第一顺序继承人继承，第二顺序继承人不继承。没有第一顺序继承人继承的，由第二顺序继承人继承。
>
> 本法所说的子女，包括婚生子女、非婚生子女、养子女和有扶养关系的继子女。
>
> 本法所说的父母，包括生父母、养父母和有扶养关系的继父母。
>
> 本法所说的兄弟姐妹，包括同父母的兄弟姐妹、同父异母或者同母异父的兄弟姐妹、养兄弟姐妹、有扶养关系的继兄弟姐妹。

回到案例中来，我曾说过，儿子在领取身故保险金以后避开了父亲欠A1 000万元的债务，而我接下来所说的内容可以让儿子直接避开欠B的1 000万元债务。

如果在父亲离世以后，这笔2 000万元的身故保险金没有直接交给儿子，而是按照父亲生前的意愿直接交给了信托公司，这笔钱是由保险公司直接付给信托公司的，并且这笔钱自始至终没有经过儿子的手，从法律的角度来看，儿子欠B的1 000万元是需要偿还的。但是由于身故保险金没有“过”儿子的手，因此儿子“没钱还”。

具体的操作是，信托公司接收这笔资金以后会建立一个受益计划，儿子就可以一直享受这笔钱。

财富管理的最高境界不是真正拥有财富，而是能够不拥有却控制财富，这就是信托保险以及保险金信托的真谛。

但如果使用的是我在前面所说的家族信托，情况会不会产生变化？

从现状来看，今天中国的《信托法》对家族信托的支持不是很到位，家族信托应发挥的更多功能未被完全激发出来。

保险金信托未来作为家族信托的迷你版，虽然它的自主性不如家族信托强，但是保险金信托的功能性在我国起的作用非常明显，因为按照目前的发展趋势来看，中国未来会成为一个保险大国，保险金信托对税务筹划和财务规划都有很大好处（见图5–3）。

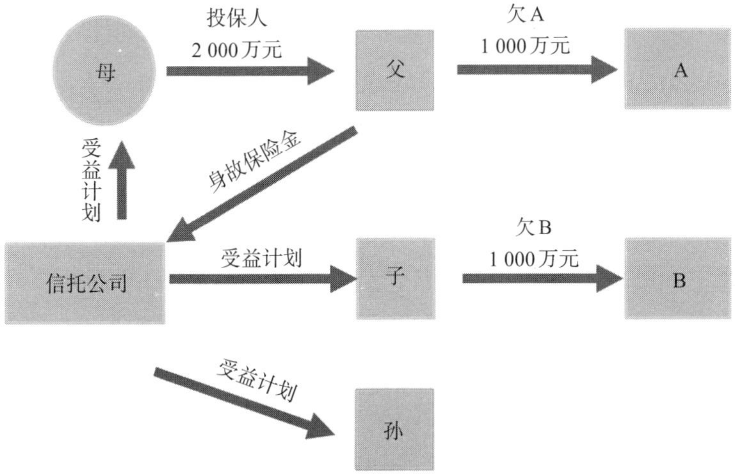

图5–3　保险金信托图

2.财富的正确管理方式。

案例：

巴西“第一败家子”若热·贵诺

对所有功成名就又担心后继无人的富豪来说，若热·贵诺这个名字就像一个噩梦。他曾经拥有从父亲那里继承的20亿美元，也曾与玛莉莲·梦露出双入对，与希腊船王称兄道弟，与美国总统谈笑风生，但他最后竟要靠领救济金度日，并在贫困中黯然辞世。

19世纪后期，若热的父亲爱德华多–贵诺从法国移民到巴西时，一贫如洗，但他凭着勤奋和精明，终于成为巴西首富。若热从小就生活在富人圈中。到他家拜访的商贾巨富、政界要人和名媛络绎不绝。1933年，美国总统富兰克林·罗斯福访问巴西时，就住在他家。第二次世界大战期间，罗斯福为了取得拉丁美洲国家，尤其是巴西的支持，邀请年轻的若热当他的拉丁美洲代表。从此，若热成了白宫的座上宾。

1940年，若热曾为纳尔逊·洛克菲勒工作，这算是给足了洛克菲勒面子，因为若热一生中就没干过几份工作。其实，这个工作只是幌子，实际上若热将所有的时间和金钱都用在追求好莱坞女明星上。生性风流的他奔走于里约热内卢、好莱坞、纽约和巴黎之间，不惜巨资，声称要“追到世界上所有的美女”。

挥霍无度的若热终于尝到了贫穷的滋味，人生的最后15年，若热的生活穷困潦倒，他与子女生活在里约热内卢一个偏僻街区的小公寓里，每月靠政府的失业救济金度日。此后，若热深居简出，除几个朋友外，不与外界来往。

2004年3月6日，88岁的若热在科帕卡巴那海边豪华的皇宫饭店病逝，那里早年也曾是他的产业，后被他

> 转让他人。他死的时候已经将自己的财产挥霍殆尽，但是对此他并不后悔。他说：“幸福生活的秘诀是在死的时候身上不留一分钱，但是我计算错误，过早地把钱花光了。”

对若热，巴西人认为，他的一生明明白白地告诉世人：如果把儿女培养成一个败家子，无论给他留多少家产都是不够的。若热的朋友奥利维拉在他的葬礼上致辞：“但愿他是最后一个花花公子。”

世界上不止一个花花公子，也不止一个将自己全部的家产都挥霍一空的“若热”。在中国的企业传承中，由于子女的年龄、经历、消费习惯与父母所赠予的财富不相称而上演的闹剧，也不在少数。

中国有句名言：“天行健，君子以自强不息。地势坤，君子以厚德载物。”

厚德载物，从某种意义上说，“厚德”就是我们为社会所创造的贡献，而载的“物”就是物质条件。

一个人为社会创造的价值配不上他所拥有的物质条件，就叫作“德不配位”。当一个人的财商、情商和对财富的驾驭能力都没有达到一定高度和深度的时候，给他巨额财富不是成全他，而是伤害他。

对财富的合理处置方式，应该是把财富的所有权交给信托公司，使用权交给子女，这才是比较科学的做法。保险也可以起到类似的作用，使财富管理既收放自如，又节制有序。

第六章

用保险合理避税

本杰明·富兰克林说过一句话：唯有死亡和纳税无可避免。对保险避税，业内传得神乎其神。例如，只要买保险就可以避税了；买了这一款保险，它对应的税就不用交了。

我在前面的章节也说过，保险其实没有我们想象中那么神奇，也许保险在某案件上起到了避税的作用，但这绝不是因为保险能够避税，保险只是保险。我们要做的就是了解税法的本源以及保险与税法的交集，了解现代商业人寿保险所涉及的规则和这两者之间的关系，进而去帮助我们的客户进行财富管理。

本章开篇，先明确了两个问题：第一，十八届三中全会以后，我国税法将着力点从企业向个人转变，这意味着未来个人所得税纳税识别号会成为自然人合法收入判断的重要依据。第二，关于保险的税收问题。我们先来看看有关部门公布的文件：国家税务总局关于未分配的投资者收益和个人人寿保险收入征收个人所得税问题的批复（国税函〔1998〕546号）。

河北省地方税务局：

你局《河北省地方税务局关于对未分配的投资者收益和个人人寿保险收入征收个人所得税问题的请示》（冀地税发〔1998〕51号）收悉，经研究，现批复如下：

一、你省廊坊市香河东华纸制品有限公司为中方个人共同投资与日方组建的中外合资企业。该公司协议规定，投资各方按其出资额在注册资本中的比例分享利润。根据有关规定，实现的利润做必要留存后应进行分配，而该公司自1994年开业以来一直未在账面进行利润分配，却将税后利润用于兴建厂房、个人宿舍、购买汽车和其他消费。根据以上情况和个人所得税的收入实现原则，应认定该公司的税后利润已在中方投资者之间进行了分配，中方个人投资者按投资比例分得的部分，须根据《中华人民共和国个人所得税法》的规定，按照“利息、股息、红利所得”应税项目缴纳个人所得税，税款由廊坊市香河东华纸制品有限公司代扣代缴。请你局通知主管税务机关督促代扣代缴义务人认真履行代扣代缴个人所得税义务。

二、对保险公司按投保金额，以银行同期储蓄存款利率支付给在保期内未出险的人寿保险保户的利息（或以其他名义支付的类似收入），按“其他所得”应税项目征收个人所得税，税款由支付利息的保险公司代扣代缴。

《哈尔滨市地方税务局关于分红型保险分红应否代扣代缴个人所得税的批复》（哈地税函〔2013〕34号）规定：

关于合众人寿保险股份公司开办的分红险种，根据上年分红保险业务的实际经营情况，每年向保户支付的保单红利，可按省局黑地税函〔2005〕129号文件的规定，暂按“利息、股息、红利”项目征收个人所得税，应纳税款由保险公司代扣代缴。

对未分配的红利，保险公司按照累积生息或者银行同期存款利率给付利息，国税局对此有过批复：《国家税务总局关于未分配的投资者收益和个人人寿保险收入征收个人所得税问题的批复》（国税函发〔1998〕546号）第二条规定：对保险公司按投保金额，以银行同期储蓄存款利率支付给在保期内未出险的人寿保险保户的利息（或以其他名义支付的类似收入），按“其他所得”应税项目征收个人所得税，税款由支付利息的保险公司代扣代缴。《个人所得税法》第四条第五款明确规定：保险赔款不计入个人所得税应纳税额。其中我认为赔款指的不是建议书中的“生存总利益”，而是死因或者风险补偿给付。

第一节　税收制度改革

一、税收制度的改革方向

在改革开放的上半场，我们国家税收的着力点是企业，《个人所得税法》在我国虽然很早就已经颁布，但居民个人收入的税收在实施上，仍然存在很多盲点。

在改革开放的下半场，我国税收改革慢慢趋于平衡，向个人逐步倾斜。

十八届三中全会通过了《中共中央关于全面深化改革若干重大问题的决定》，明确了我国税收制度改革的方向。

这项决定的主要内容有：“保护合法收入，调节过高收入，清理规范隐性收入，取缔非法收入，增加低收入者收入，扩大中等收入者比重，努力缩小城乡、区域、行业收入分配差距，逐步形成橄榄形分配格局。”

此决定奠定了我国未来至少10年（2014—2024年）的税收制度改革方向。如今在社会的各个方面我们都能感受到这次会议的影响，例如，2015年刚刚结束的营改增、个人税务征收以及报税系统的App（手机应用软件），都和这次会议上提到的税制改革有关，未来可能开征的房地产税、遗产税等税种，也因为这次会议而被迅速地提上了日程。

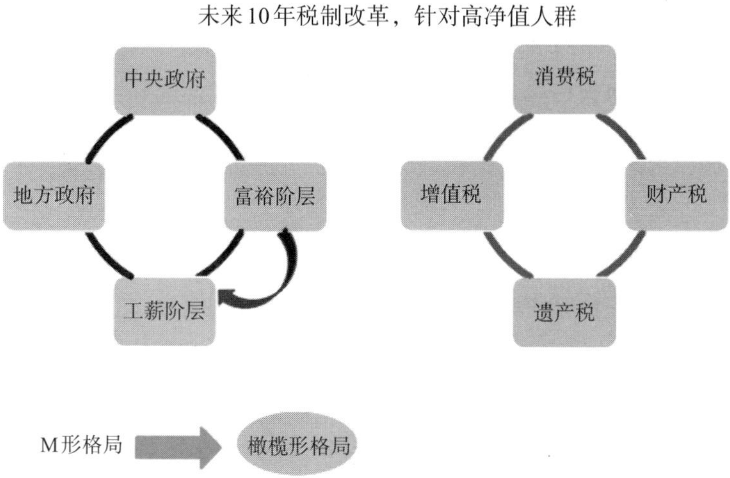

图6–1 未来10年税制改革

2017年5月23日，中央全面深化改革领导小组审议第35次会议通过了《个人收入和财产信息系统建设总体方案》。时任财政部部长肖捷强调，税收征管部门需要掌握与纳税人收入相关的涉税信息，以保证新的个人所得税制度改革能够顺利实施。肖捷提到的掌握纳税人相关涉税信息，就是要建立个人收入和财产信息系统。个人收入和财产信息系统建立的基础是每个自然人需要一个纳税人识别号，以便把个人收入财产信息统一起来。所谓纳税人识别号，就是税务部门按照国家标准为企业、公民等纳税人编制的唯一且终身不变的确认其身份的数字代码标识。

中国社会科学院财经战略研究院研究员杨志勇表示：纳税识别号（可以直接选用身份证号，也可以选用其他编号，但必须终身不变）制度的建立是自然人税收管理体系形成的基础。纳税识别号可以自动归并自然人纳税人在全国各地的收入和财产信息。金税三期工程以及其他围绕自然人税收管理体系的配套技术，应该成为这一体系正常运转的技术支撑。这一制度应该能够满足标准扣除和专项扣除识别的需要，各种扣除只能是唯一的。[①]

为了让大家能够更好地理解我国的税制改革，从而了解保险这种金融工具如何在税收方面保护家庭财产，我们需要把基本的概念先弄清楚。

1.合法收入。即公民在法律规定的范围内取得的财物。在我

---

① 《个人收入和财产信息系统建设方案通过　铺路个税改革》，新浪财经，2017年5月24日。

国，合法收入包括：劳动所得，农民在承包经营中按规定提留和交税之外的收入，经营家庭副业的收入，个体劳动者合法的利润，福利和社会保险收入，接受赠送、继承遗产以及合法的租金、利益等。

2.隐性收入。即在工资、奖金、津贴、补助等正常渠道之外取得的非公开性收入。如兼职兼业收入、业余进行的经营收入、劳务报酬所得等，隐性收入有一个很重要的特点是来源合法，但是没有纳税。

3.非法收入。即单位或个人利用不正当的手段违反国家的法律和政策规定而取得的财物，如用倒卖物资、买空卖空、转包渔利、居间牟利、弄虚作假、骗钱牟利、坐地分赃等手段攫取的非法收入。简单来说，来源不合法的收入就是非法收入，其中最典型的就是犯罪所得。

如果一个作家接受某高校的邀请进行演讲，在演讲结束以后，学校支付作家5 000元作为报酬，此时如果作家自己申报了个税或者学校帮助作家已经做了代购代缴，那么这笔收入属于合法收入，否则它属于隐性收入。

在现实生活中，很多人都会把这种收入当作合法收入，但其实这种认知是错误的，虽然演讲属于劳务行为，作家收取的也只是与其劳务相当的费用，但这整个过程都没有涉及交税。

合法收入和隐性收入的区别在于，来源合法且税收程序合法的收入叫作合法收入。来源合法但税收程序不合法的收入叫作隐性收入。

再举一个例子，在改革开放初期（1978年），大批年轻人响应国家号召，北上南下，在若干年以后，这群人中的一部分人成为现在知名的企业家，因为改革开放初期，税收制度不完善，这些企业家在创业之初，收入所得几乎不交税，而他们后期收入中的分红所得，大多数也没有申报税款。

这种行为是否属于偷税漏税？他们的收入所得是否属于非法收入？

问题的答案是：他们所积攒的财富不属于非法收入，而是隐性收入。既然是隐性收入，税收程序必然是不合法的。

根据《中共中央关于全面深化改革若干重大问题的决定》，我们不难看出，国家对隐性收入的态度：清理和规范。

用什么样的方法清理和规范现在还未明确，但可以肯定的是，在接下来的税制改革过程中，政府一定会采取严厉的措施。

二、逐步形成橄榄形分配格局

其实前面的保护合法收入，调节过高收入，清理规范隐性收入，取缔非法收入都是为最后那一点服务的——逐渐形成橄榄形分配格局。

1. M形分配格局。我国目前的分配格局属于M形，那么M形分配格局是什么样的？

M是一个字母，从M这个字母的外形我们可以看出两点：两头高，中间低。

耸起的两个高峰代表了少部分人非常有钱，掌握了大量的经济财富，顶端的下方是大多数人的现状——没钱，M中间凹下去的部分代表中产阶级。

国家分配格局的现状是中产阶级断层和缺失的状态非常严重，这就是M形分配格局。

2. 橄榄形分配格局。橄榄形分配格局是一种通俗说法，意思是形成中等收入者占多数，扶贫对象大幅减少，绝对贫困现象基本消除，低收入者和高收入者均占少数，分配格局呈现类似橄榄“两头小中间大”的形态。逐步形成橄榄形分配格局，就是要让中等收入群体持续扩大。

3. 如何实现橄榄形分配格局？在改革开放初期，邓小平同志提出：“让一部分人先富起来，先富起来的人带动后富起来的人。”时光荏苒，很多人先富起来了。

为什么要让一部分人先富起来？因为当大家都很贫穷的时候，齐头并进的共富是不可能的，所以只能让一部分人先富起来，可是当这部分人富起来以后，要实现“让先富起来的人带动后富起来的人”，又该怎么办？

4. 财富流的分配。在解决这个问题之前，我们先看一看国家财富流的分配，我们国家的财富流被分配在4个板块里：中央政府、地方政府、富裕阶层、工薪阶层。

5. 阶层财富。在改革开放初期，这4个板块的状态基本保持一致：中央政府很穷，地方政府很穷，富裕阶层很穷，工薪阶层也很穷。

到2015年，我国正式进入新常态元年，此时的情况发生了翻天覆地的变化：

（1）中央政府很有钱，因为我国拥有大量的外汇储备。

（2）地方政府也很有钱，虽然它们负债很高，但是会计上有一个等式：资产=负债+所有者权益，负债高未必等于资产低。

（3）富裕阶层，也就是邓小平同志所说的中国先富起来的那群人。先富起来的那群人到底有多富呢？2013年下半年，我国奢侈品消费量已经超过日本，名列全球第一；2014—2016年，我国奢侈品消费量名列全球第一。

曾经有一条轰动全国的新闻，其内容大概是：中国的游客到法国去旅游，结果遭遇抢劫，法国政府知道以后，直接派了一个警队保护中国游客购物。

（4）工薪阶层，也就是那些经历了几十年的风云变幻，依旧没富起来的人。

根据我国财富流的分配，我们不难看出，想把M形分配格局变成橄榄形分配格局最好的方法就是，从这届政府开始，在财税的改革上，在民间财富的调整上，把M形结构往橄榄形结构上靠，然后逐渐把M形变成橄榄形。

三、“营改增”对企业的影响

营业税改征增值税，是指以前缴纳营业税的应税项目改成缴纳增值税，增值税只对产品或者服务的增值部分纳税。（见图6–2）

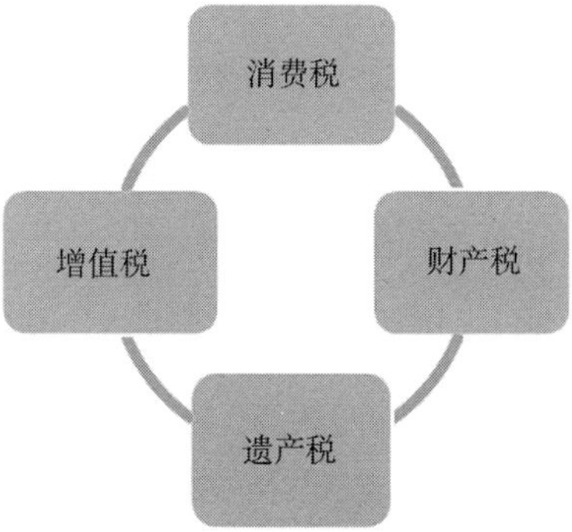

图6–2　主要税收种类

“营改增”是财税体制改革的重头戏，不仅因为增值税与营业税在税收中的比重超过40%，几乎涉及每一个企业，而且因为“营改增”涉及中央与地方的财权划分，中央税与地方税的重新设定，牵涉到房产税、资源税、环境税等各个税种的系统改革。从这个角度上讲，“营改增”在最可行与最有效之间取得了最大公约数的减税效果。

“营改增”真的能减税？征收增值税，地方和中央的比例是1∶3，比如全中国征收了11 000元的增值税，中央政府从中取得8 250元，地方政府只能拿到2 750元。营改增完成以后，中央财政每年的税收收入会大大增加。

另外，增值税是对生产和流通环节产生的增值额所征收的一种税，可以最大限度地减少企业偷税漏税的可能。

2015年3月1日，《不动产登记暂行条例》开始施行，接下来的换证、去库存、全国不动产统一联网、产权证和土地证双证合一，这些举措都是为了方便以后的联网备查。（房地产税开征之前，国家一定会进行全国不动产统一联网，这也是资产透明化的一个步骤。）

2016年消费税改革框架形成，2017年消费税第一轮改革完毕。（消费税改革的一个作用就是调整收入分配。）

2017—2018年，金融机构对新开立的个人和机构账户开展尽职调查。2018年年底完成对存量高净值账户的尽职调查。2018年完成对个人低净值账户和全部存量机构账户的尽职调查。高净值账户是指金融账户加总余额超过600万元（我国绝大多数银行对私人银行客户的资产要求是600万元）。国家会对600万元金融资产人群的金融存量账户展开调查，为收税和纳税识别号做准备。此举措有利于清理规范隐性收入。

2018年9月，中国CRS（金融账户涉税信息自动交换制度）将进行第一波交换。

广东省地方税务局已经于2017年12月4日正式开始推行纳税识别号。

至于后续可能开征的遗产税，《财政部关于政协十二届全国委员会第五次会议第0107号提案答复的函》（财税函〔2017〕197号）在对政协委员段祺华的答复中做了说明，国家虽然没有明确要开征遗产税，但是也没有表态不开征。

第二节　“三高”消费多交税

消费税是税法规定的对应税消费品的进口单位和个人征收的一种流转税，是对特定的消费品和消费行为在特定的环节征收的一种间接税（见图6–3）。

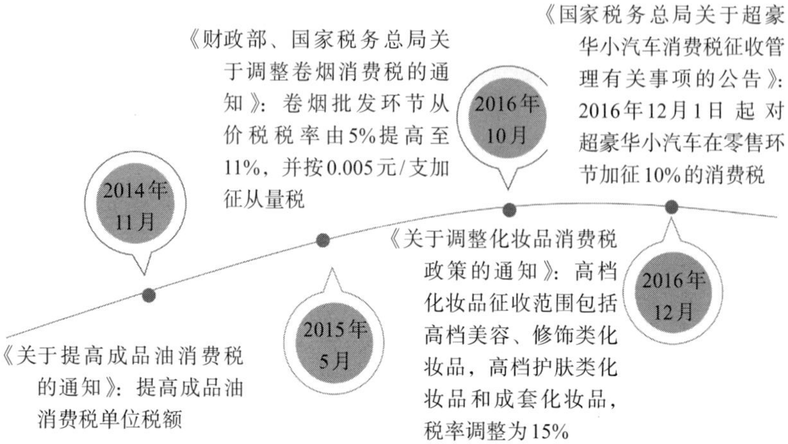

图6–3　消费税沿革图

关于消费税征收范围，我们不妨先来看一个小故事：

一个高消费的摩登女郎，用的是高档化妆品，身上戴着贵重金银首饰，左手戴着高档手表，右手夹着香烟，她准备选择摩托车或者小汽车外出游玩，但因为摩托车不方便驾驶，小汽车需要更换汽车轮胎、补充成品油，所以她最终选择了高档豪华游艇。游艇非常豪华，不仅有铺着高档实木地板的大厅，而且有她最擅长玩的高尔夫球场地和球具。玩累了，她来到游艇上的餐厅，拿起木制一次性筷子，端起酒杯，美美地吃着酒精火锅涮羊肉。酒足饭饱后，她兴奋地来到甲板上点燃了鞭炮焰火。

这个小故事巧妙地将消费税的征税项目做了概括。

对消费税的改革，引用财政部财政科学研究所所长兼书记刘尚希同志的一句话："2016年应该基本到位，改革的基本原则是三高，高污染、高耗能、高档消费品。"

在消费税改革的过程中，环境保护税会很快出台，通过身边的一些小事，我们不难发现消费税改革的影响：

（1）刚刚过去的2016年，国家的97号汽油已经没有了，取而代之的是95号和98号汽油，并且单价上涨了。

（2）烟酒的消费税也在上涨，自2016年4月1日开始，我国进口香水的关税也开始上调。

有一份文件是2016年的12月1日国家税务总局和财政部联合发布的，《财政部、国家税务总局关于对超豪华小汽车加征消费税有关事项的通知》（财税〔2016〕129号）：从2016年12月1日开始，购买130万元以上的车辆，130万元以上的车辆购置税率要由原来的10%上调至20%。

《欧洲汽车新闻》指出，此举是为了遏制中国新一代崛起的富人的炫耀性消费，中国政府在呼吁节俭。这从近期中国政府考虑延长1.6升以下排量的小型车购置税减半政策中也可以看出来。[①]但是从2018年1月1日起，国家仍然恢复了10%的车辆购置税率。

当然在未来几年，还会有更多类似的改革，将这些改革全部集中在一起，我们就可以感受到这次消费税改革中的一个明显导向，消费税征收的主要目的是实现收入转移，缩小贫富差距。而其主要征收对象就是高收入且对消费税所包含的商品有高需求的人，也就是代理人的客户，并且是高净值客户。

所以消费税改革“要起到调节作用”，也就是说，在改革开放上半场富起来的那群人，他们既然喜欢开好车、用名牌、住豪宅，就需要为此多付出一点儿。

但是消费税改革对缩小贫富差距到底有没有起作用？我认为是有一点儿辅助作用的，但作用不明显。接下来可能征收的财产税和遗产税才是两把尖锐的“钢刀”。

第三节　房产购置需谨慎

一、房地产税的试点情况

房地产税是一个综合概念，即一切与房地产经济运行过程有

---

① 参见《财政部、国家税务总局关于减征1.6升及以下排量乘用车车辆购置税的通知》财税〔2016〕136号。

直接关系的税都属于房地产税。国内房地产税包括房地产营业税、企业所得税、个人所得税、房产税、城镇土地使用税、城市房地产税、印花税、土地增值税、投资方向调节税、契税、耕地占用税等。外国一些发达国家的房地产税收收入占地方税收收入的70%以上，而中国为8%左右。

住房和城乡建设部前任部长陈政高称，2017年住房和城乡建设部将认真贯彻落实中央经济工作会议精神，坚持“房子是用来住的，不是用来炒的”的定位，努力促进房地产市场平稳健康发展。

他表示：“一方面，要坚持分类调控，因城因地施策，重点解决三四线城市房地产库存过多的问题；另一方面，要抓好热点城市防过热、防风险工作，抑制房地产泡沫，防止出现大起大落。”[①]

财产税中最主要的税种就是房地产税。但在中国，“房地产税”的提法是不严谨的。因为我们国家的土地所有权属于国家和集体所有，土地的所有权既然永远属于国家，因此我们国家永远只能地是地，房子是房子，购买房屋，房屋的所有权是我们的，但是，土地的所有权是属于国家的，我们对土地只有使用权，住宅的使用权是70年，非住宅房产的使用权是40年（见图6–4）。

① 央广网：http://finance.cnr.cn/txcj/20170309/t20170309_523645912.shtml。

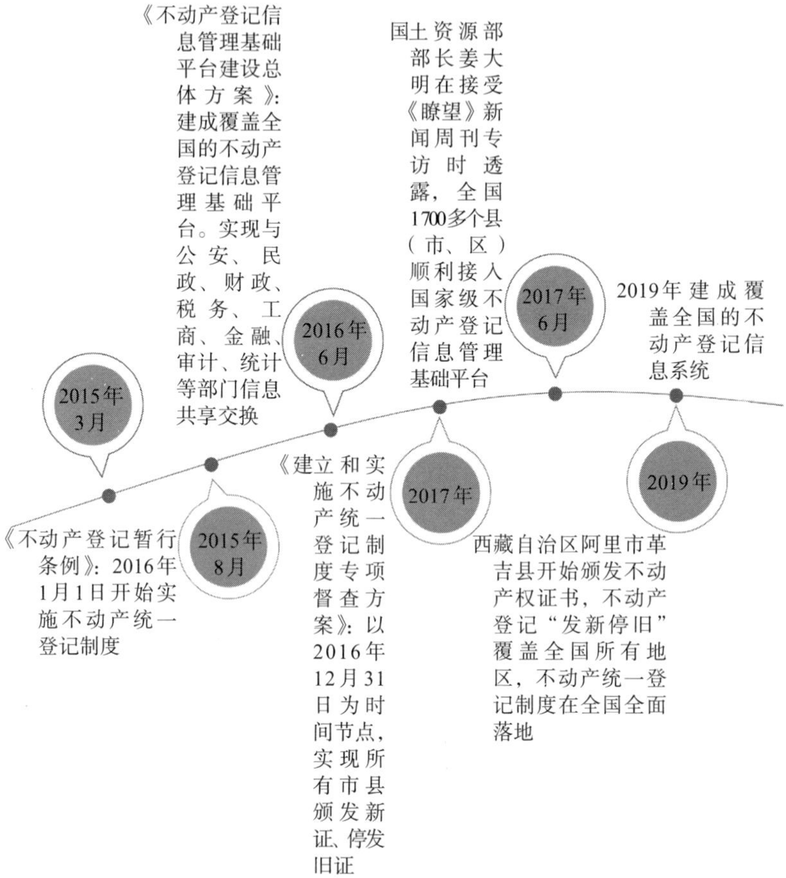

图6-4 房地产税沿革图

未来的房产税可能分为两部分：一部分是住宅，另一部分是我们所说的非住宅，也就是商用房产。对住宅类房产税征收，国家可能按照套数和面积综合进行征收。按照套数征收的叫作房产税，按照面积征收的叫作物业税。

自2011年1月28日开始试点房地产税以来，试点进展十分缓慢，仅停留在重庆和上海这两个试点城市，房产税暂时还处于试点阶段。

2011年1月，上海开展对部分个人住房征收房产税试点，适用税率暂定为0.6%。征收对象为本市居民二套房及非本市居民新购房（见表6-1）。

表6-1　上海按“套数”征收房产税

上海个人房产税征收细则		
征税对象	上海本地家庭新购第二套及以上住房	上海非本地居民新购住房
税率	0.4%	0.6%
免征部分	人均住房面积小于60平方米部分	
缴纳方式	按年计征，缴清税费方可过户	
案例说明	若在上海本地拥有150平方米住房，新购一套110平方米住房，均价30 000元/平方米，其年纳税额为：（150+110-60×3）×30 000×70%×0.4%=6 720元/年	

资料来源：《上海市开展对部分个人住房征收房产税试点的暂行办法》

《上海市开展对部分个人住房征收房产税试点的暂行办法》[1]规定：

本市和非本市居民家庭在本市新购且属于该居民家庭第二套及以上的住房（包括新购的二手存量住房和新建商品住房，下同）和非本市居民家庭在本市新购的住房（以下统称“应税住房”）。

除上述征收对象以外的其他个人住房，按国家制定的有关个人住房房产税规定执行。

……

计税依据为参照应税住房的房地产市场价格确定的评估值，评估值按规定周期进行重估。试点初期，暂以应税住房的市场交易价格作为计税依据。

房产税暂按应税住房市场交易价格的70%计算缴纳。

……

适用税率暂定为0.6%。

应税住房每平方米市场交易价格低于本市上年度新建商品住房平均销售价格2倍（含2倍）的，税率暂减为0.4%。

……

① 上海市税务局网站：http://www.tax.sh.gov.cn/pub/xxgk/zcfg/dcs/201101/t20110127_305661.html。

这段话中有一个关键的数字：70%。因为上海的房产税针对的是房屋的价格，很多人在购买房屋时就会和原房主商量出一个很低的价格（远低于实际的房产价值），再将这个价格上报，企图用这种方法来减少交税的金额，但实际上，这样的方法是不可行的。

因为实际中，房产税缴纳时的依据不是房屋的实际交易价格，而是评估值。70%的0.6%是什么概念？比如，某人在上海购买的第二套房子价值1 000万元，那么他需要缴纳的房产税就是42 000元，而且是每年都需要缴纳42 000元，这和车船税有些类似，只要持有这套房子就需要一直交税。

另一个房产税的试点城市重庆，不是按照套数来的，是按照面积来的（见表6–2）。2011年1月，重庆启动房产税改革试点，其征收对象为：

1.个人拥有的独栋商品住宅。

2.个人新购的高档住房。高档住房是指建筑面积交易单价达到上两年主城九区新建商品住房成交建筑面积均价2倍（含2倍）以上的住房。

3.在重庆市同时无户籍、无企业、无工作的个人新购的第二套（含第二套）以上的普通住房。

表6-2　重庆市房地产税的试点情况

<table>
<tr><th colspan="2">征收倍数及税率</th><th>计税依据</th><th>征收对象（家庭）</th><th>免征面积</th></tr>
<tr><td>主城区过去两年成交均价</td><td>税率</td><td rowspan="3">现在：房产交易价格
未来：房产估值价格</td><td>每户家庭</td><td>一套</td></tr>
<tr><td>3倍以下、“三无”人员</td><td>0.5%</td><td>独栋商铺住宅</td><td>180平方米（原有）100平方米（新购）</td></tr>
<tr><td>3~4倍</td><td>1%</td><td>个人新购高档住房</td><td>100平方米</td></tr>
<tr><td>4倍以上</td><td>1.2%</td><td>从有户籍或有企业或有工作之日起，可以免交第一套房的房产税，且可以申请退还当年已缴纳的房产税</td><td>“三无”人员（无户籍、无企业、无工作）</td><td>无</td></tr>
</table>

在我国中西部所有发展比较好的城市里，房价控制最好的就是重庆。

重庆市按面积征收相对于上海市按价格征收的方法会稍显复杂。比如，每一户家庭都有一套免征面积，第一套的免征面积是不需要交税的，而从第二套开始，无论是独栋的商铺、住宅，还是个人新购高档住房，都是以平方米为单位来征税的。

此外，重庆政府为了抑制外地炒房团进入，出台了一个管理办法，它被叫作“病毒式”房产税。

举一个例子，重庆的一套新房子，在开发商的手里时是不用交房产税的，而如果此时有一个外地的炒房人士来到重庆并把这套房子买了下来，那么情况会完全不同。

重庆市政府对房产税的征收办法中有一个名词叫作“三无”人员，在此办法当中，这个外地的炒房人士就属于三无人员，即在本地没有户籍、没有企业、没有工作的人。

当这位三无人员买到房子以后，按照规定，他就需要交税。因为这位三无人员购买房屋的主要目的就是“炒房”，所以在房屋到手以后，他不会入住，而是将房子转手卖掉，并赚取其中的差价。

根据重庆市政府的规定，如果此时有一位重庆市的本地居民想要购买这位三无人员的房子，他就需要交税。请注意，重庆市本地居民原来购买房子是不需要交税的。但是由于他在购买这个房屋之前，这个房屋已经开始交税了，根据规定，只要这个房子开始交税，即使是重庆的本地居民购买，他也需要交税。

房屋在流转的过程中，一旦和税交上“朋友”，它接下来的流转就需要交税。人们一旦买了这样的房子，就像染上了病毒，在这个过程中，有买房需求的人一定优先购买不需要交税的房子。这就导致很多三无人员买了这个房子以后卖不出去，同时因为买到这个房子以后，人们就开始交税，所以很多外地炒房团根本不会选择来重庆买房。我认为这是一个非常聪明的政策。

二、土地型财政向物业型财政转型

2016年年底，财政部成立了文化司和个人所得税处。设立文化司表明我们国家在文化产业这一方面要加强税收征管，而设立个人所得税处代表中国个税进程需要加快。我认为，政府未来新的税源一定是征收个人所得税，财政开始从土地型财政向物业型财政转型。

房地产市场出现了一些变化。在深圳，深圳市地方税务局公布了一条消息：深圳市拟从2017年4月1日起，对个人出租住房暂按10%的税率征收个人所得税；个人出租非住房，按20%的税率征收个人所得税，应税收入不含本次出租缴纳的增值税。而在不久的未来，深圳也会对这个政策进行配套监管。

我们再来看一下四川省，四川省税务局在2016年12月27日开通了“天府e税”，这是一个移动App办税系统：

1. 年收入所得12万元以上个人所得税自行申报 。

2.其他情形的个人所得税自行申报（含从中国境内两处或者两处以上取得工资、薪金所得的；从中国境外取得所得的；取得应税所得，没有扣缴义务人的）。

现在要想买房子，政府都会要求提供多年连贯的社保记录（具体期限，各地的要求不同）。未来，中国政府会出台纳税识别号，即对公民的纳税行为进行记录，并由此验证收入所得与应纳税款是否相符。

甚至未来，政府会要求公民在处理市场交易、买卖房产、子女出国等情况时提供连续的纳税记录，所以从现在开始你就要对自己的纳税记录重视起来。否则，你如果未来拥有大量资产，但没有与之相符合的纳税记录，在投资、移民方面就会受到很大限制。关于这一点，我在后面会重点讲解。

第四节 遗产税：征与不征，密切关注

美国遗产税的税率非常高，因此它也被视为“死亡税”。小布什在总统任期内曾对美国税制进行改革，但引起了一些问题。2001年，小布什实施新的法律，计划逐年将遗产税的免税额提高到350万美元，并规定到2010年完全取消遗产税。

2010年，对于美国富人来说，是既幸运又悲哀的一年。幸运的是，他们的万贯家财近一半不用再交给“国家”了，只要他们愿意，财产都可以留给自己的后代。而悲哀的是，他们要想做到这一点，必须在2010年离世。因此，有人戏称“2010年是富人快乐的死亡年”。最著名的案例发生在2010年3月，拥有90亿美元资产的、居住在得克萨斯州休斯敦的首富老邓肯去世，虽然他只活了77岁，但老邓肯去世的时间刚好赶上取消遗产税，因为邓肯是美国94年来第一个拥有万贯家财、死后半文钱也不用缴纳国库的人。邓肯的4名子女和4名孙子、孙女完完全全地合法继承了他的全部财产，他们想怎么花就怎么花。假如老邓肯先生早死3个月，他的后人能继承的财富就会减少近一半——他的财产继承人需要缴纳45%的遗产税。但也正是因为2010年美国停征了一年的遗产税，所以美国发生了许多令人啼笑皆非的事情。譬如，有些在2009年已罹患重大疾病，濒临死亡的富豪，其家属为不缴纳巨额遗产税，不惜重金，千方百计地运用现代医疗手段延迟富豪的生命，直至2010年1月1日以后。当然也有在2010年已经宣布生命进入终末期的富豪（法律上不视为死亡），为了不错过2010年这个黄金“免税死亡期”，甚至想提前结束自己的生命，以免拖到2011年，由此避免再缴上一笔巨额的遗产税。

富人对遗产税可谓是又爱又恨。遗产税对富人究竟意味着什么？中国的遗产税会在何时正式开征？（见图6–5）

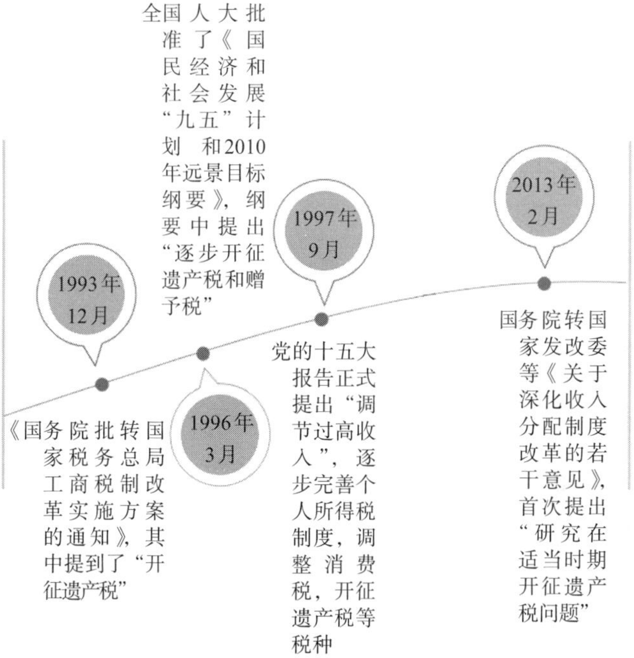

图6–5　遗产税沿革图

1.遗产税。原始遗产税最早起源于4 000多年前的古埃及，当时法老胡夫为筹集军费，开征了遗产税。而近代遗产税起始于1598年的荷兰，随后英国、法国、德国等国家也相继开征了遗产税，其主要目的在于筹集战争经费。直至20世纪，遗产税开始成为一个固定税种，主要功能也从之前的军费转变为调节社会成员之间的贫富差距。

所谓遗产税，就是对死者留下的遗产进行征税。遗产的范围不仅是现金与存款，还包括房产、厂房设施等固定资产。全世界大约有2/3的国家和地区征收遗产税。遗产税的主要作用是调节贫富差距，而非增加财政收入。

虽然目前不少国家已经取消了遗产税，但是全球仍有100多个国家在征收这一税种。其中一个较为重要的原因在于避免财富的过度集中。

遗产税是以被继承人去世后所遗留的财产为征税对象的，向遗产的继承人和受遗赠人征税。

在市场经济发展的过程中，人与人之间的财富差距越来越大，政府为解决收入分配差距过大的问题，采用完善的财产税调节财产存量。征收遗产税在一定程度上避免了上一代人的财富差距在下一代人身上延续。

《深圳特区报》在2015年11月13日发表了一篇声明：

近日，一篇题为《遗产税将于2016年开征》的帖子在网上和微信公众号上传播，称遗产税将于2016年正式开征，深圳公布首开试点政策。深圳相关部门负责人表示，此为虚假消息，已多次澄清，请广大网友切勿轻信传谣。

在此之前，网络上的许多传闻都直指深圳将会首开中国遗产税，作为遗产税的开征试点城市，这份声明有效地证明了我国还没有正式征收遗产税。

那么遗产税和保险销售，甚至和保险避税有什么关系？要想掌握这个知识点，你就不能采用“遗产税已经开征，买保险才能避税”这样的虚假信息欺骗客户，这是毫无意义的。

我们首先应该全面了解遗产税的征税背景：政府为什么要征遗产税以及这样征税的目的是什么？在什么样的情况下，政府会扩大或者缩小遗产税征税范围？

你想要了解中国还未开征的遗产税，就要先对已经开征了遗产税的国家的征税情况进行了解，从而能够对遗产税有一个清晰的认知。

2.遗产税在世界各地的情况。

（1）日本。严格来说，日本的遗产税应该被称为“继承税”。继承税是人的死亡所导致的财产转移而征收的税金。例如，某人死亡后其子继承了他的遗产（包括金钱和不动产），或某人死亡之前3年内将财产赠予孩子（包括金钱和不动产），即死亡后或者死亡前将财产交给家人等，都会产生继承税。

表6–3是日本国家税务总局的继承税速算表，这张图是一张累进制的税率表。在日本，遗产税的税率档位从1 000万日元以下的10%到超过6亿日元的55%。

表6–3 日本继承税税率图

标准（日元）	税率（%）	税额（日元）
1 000万以下	10	—
3 000万以下	15	50万
5 000万以下	20	200万
1亿以下	30	700万
2亿以下	40	1 700万
3亿以下	45	2 700万
6亿以下	50	4 200万
6亿以上	55	7 200万

注：1日元=0.058 89人民币

教给大家一个傻瓜式日本继承税标准的计算方法：日本继承税的最高封顶线是6亿日元，免征金额是2 000万日元，超过2 000万日元的部分的起征线是1 000万日元，用6亿日元除以1 000万日元等于60倍。

（2）美国。美国分为联邦税法和州税法，每个州对遗产税的规定都不一样。联邦税法遗产税的起征点每一年都会变化。2015年的起征点是543万美元，2016年为545万美元，2017年为549万美元。

若遗产总额超过当年起征点，则超出部分按累进税率征税。

换句话说，在美国遗产税有550万美元的免征额，超出部分是以1万美元起，100万美元封顶，税率最高40%，100万美元除以1万美元是100倍。特朗普减税法案以后，美国联邦遗产税的起征点提高到了1100万美元。

2017年，著名律师，全国政协委员段祺华先生发文询问财政部遗产税相关情况，财政部公布了《关于政协十二届全国委员会第五次会议第0107号（财税金融类018号）提案答复的函》（财税函〔2017〕197号）[①]：

> 段祺华委员：
>
> 您提出的关于遗产税法律法规修改的提案收悉，现答复如下：
>
> 我国目前并未开征遗产税，也从未发布遗产税相关条例

① 此文件来源于财政部官网。

或条例草案。提案中提到的“2004年、2010年版《中华人民共和国遗产税暂行条例（草案）》”来源未知。

遗产税是一个历史较长的税种，世界上有很多国家和地区开征了遗产税。

自20世纪90年代以来，我部会同国家税务总局等部门一直在认真研究相关问题，收集、梳理了部分国家和地区遗产税通行做法，并积极关注相关国家税制发展趋势。从研究情况看，遗产税具有以下一些特点：一是征税范围复杂。遗产形态多种多样，既包括房地产等不动产，也包括银行存款、现金、股票、证券、古玩、字画、珠宝等动产，还包括知识产权等无形资产，开征遗产税需要全面、准确掌握居民财产信息，以及遗赠、继承等具体情况。二是征管程序复杂。遗产税需要对各类财产进行合理估价，需要大量专业人员从事相关估价工作，征管中极易产生争议，争议解决程序通常也较为复杂。三是征管配套条件要求高。开征遗产税还需要具备相应的征管条件，如不同政府部门的紧密配合、对拒不缴税的纳税人在法律中做出税收保全和强制措施制度安排等。从近年来遗产和赠予税的国际发展趋势看，征收遗产和赠予税在调节贫富差距的同时，可能会对一国的经济特别是国外资本流入和国内资本流出产生一定的影响，是否征收遗产和赠予税已逐步成为国家、地区间税收竞争，吸引投资的一项重要内容。部分开征遗产和赠予税的国家和地区近年来出现了取消或弱化该税种的趋势。

下一步，我们将继续跟踪国际上遗产税的发展趋势，进一步研究遗产税有关问题。

感谢您对财政工作的关心和支持，欢迎再提宝贵意见。

财政部

2017年8月21日

从财政部的发文可以看出，目前遗产税还未征收。但我们可以先来谈谈目前我国资产透明化的进程。

1.纳税识别号是收入资产透明化的基础。2017年5月23日，中央全面深化改革领导小组第35次会议审议通过了《个人收入和财产信息系统建设总体方案》。肖捷强调，税收征管部门需要掌握与纳税人收入相关的涉税信息，以保证新的个人所得税制度改革能够顺利实施。

掌握纳税人相关涉税信息，就要建立个人收入和财产信息系统。个人收入和财产信息系统建立的基础是每个自然人需要一个纳税人识别号，以便把个人收入财产信息统一起来。

例如，广东省地方税务局制定的《广东省地方税务局自然人税收管理办法》第八条规定：

自然人纳税人、扣缴义务人应依法向地税机关报送自然人纳税人基础信息，包括姓名、身份证件类型、身份证件号码、国籍、性别、户籍地址、居住地址、联系方式等。

前款规定的基础信息，自行申报纳税的自然人纳税人在首次办理涉税事项时按规定报送，扣缴义务人在办理扣缴申报时按规定报送。

地税机关采集自然人纳税人基础信息后，根据自然人纳税人身份证件号码，按规则赋予自然人纳税人识别号。

自然人有应税车船、经营性（含出租，下同）房产、经营性土地使用权等财产，应依法申报相应的财产信息。

2.信托登记制度是金融类资产透明化的要求。

中国银监会关于印发信托登记管理办法的通知[①]

各银监局，中国信托登记有限责任公司：

现将信托登记管理办法印发给你们，请结合以下要求认真

① 来源于中国银行业监督管理委员会。

执行。

一、信托登记管理办法施行设立3个月过渡期，过渡期为2017年9月1日至11月30日。在过渡期内，各信托公司应当在按照信托登记管理办法规定进行信托登记的同时，按照《中国银监会办公厅关于信托公司风险监管的指导意见》（银监办发〔2014〕99号）等规定向银行业监督管理机构进行产品报告。过渡期结束后，前述产品报告按照信托登记管理办法执行。

二、对于信托登记管理办法施行前已成立或生效的存续信托产品，2018年6月30日（含）前到期的，可不补办信托登记；2018年6月30日后仍存续的，应当于2018年7月1日前按照信托登记管理办法补办信托登记。

2017年8月25日

3.CRS的作用之一是掌握中国居民在海外的金融资产（见表6–4）。

4.网联清算中心是消费端的资产透明化（见表6–5）。

当移动支付最终全面普及的时候，居民的每一笔消费都在国家大数据系统中，运用区块链技术，政府可以对所有数据的形成过程进行无缝清查（见图6–6）。

表6-4　CRS交换信息时间进程（部分）

序号	国家（地区）	发布日期
1	中国 China	2017年4月7日
2	安道尔 Andorra	2017年5月19日
3	安圭拉 Anguilla	OECD 尚未发布
4	安提瓜和巴布达 Antigua and Barbuda	OECD 尚未发布
5	阿根廷 Argentina	2017年4月7日
6	阿鲁巴 Aruba	OECD 尚未发布
7	澳大利亚 Australia	2017年4月7日
8	奥地利 Austria	2017年4月7日
9	阿塞拜疆 Azerbaijan	2017年11月17日
10	巴林 Bahrain	OECD 尚未发布
11	巴巴多斯 Barbados	OECD 尚未发布
12	比利时 Belgium	2017年4月7日
13	伯利兹 Belize	2017年7月5日
14	百慕大 Bermuda	2017年5月10日
15	巴西 Brazil	2017年4月7日
16	英属维尔京群岛 British Virgin Islands	OECD 尚未发布
17	文莱Brunei Darussalam	OECD 尚未发布
18	保加利亚 Bulgaria	2017年7月6日
19	加拿大 Canada	2017年4月7日
20	开曼群岛 Cayman Islands	2017年5月10日
21	智利 Chile	2017年5月10日

注：以上内容根据OECD（经济合作与发展组织）收集并发布的资料翻译整理，国家税务总局不保证内容的完整性、有效性。如有问题，请咨询相关国家（地区）税务主管当局或税务专业人士

资料来源：http://www.chinatax.gov.cn/n810219/n810744/n2594306/n2594321/index.html

表6-5　网联清算中心股东图

股东信息			股权结构图或疑似实际控制人	
股东	持股比例（%）	认缴出资额（万元）	认缴出资日期	股东类型
中国人民银行清算总中心	12.00	24 000		事业法人
梧桐树投资平台有限责任公司	10.0	20 000	–	企业法人
财付通支付科技有限公司	9.610 0	19 220	–	企业法人
支付宝（中国）网络技术有限公司	9.610 0	19 220	–	企业法人
网银在线（北京）科技有限公司	4.710 0	9 420	–	企业法人
银行间市场清算所股份有限公司	3.00	6 000	–	企业法人
中国印钞造币总公司	3.00	6 000	–	企业法人
上海黄金交易所	3.00	6 000	–	企业法人
中国银行间市场交易商协会	3.00	6 000	–	社团法人
中国支付清算协会	3.00	6 000	–	社团法人
天翼电子商务有限公司	2.770 0	5 540	–	企业法人

资料来源：全国企业信用信息公示系统

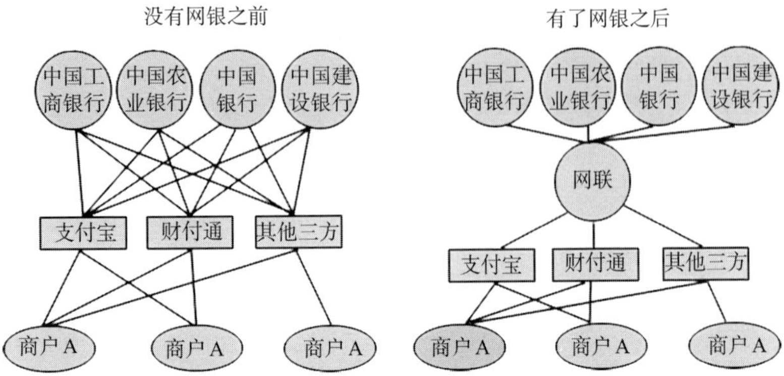

图6-6　网联清算中心与支付系统关系图

5.信联、外汇等制度对资产透明化的辅助作用。

规范银行卡境外大额提取现金交易的通知[①]

日前，国家外汇管理局发布《国家外汇管理局关于规范银行卡境外大额提取现金交易的通知》(汇发〔2017〕29号，以下简称《通知》)，规范银行卡境外大额提取现金交易，完善跨境反洗钱监管。

《通知》主要内容包括：一是个人持境内银行卡在境外提取现金，本人名下银行卡（含附属卡）合计每个自然年度不得超过等值10万元人民币；二是将人民币卡、外币卡境外

① 此通知来源于国家外汇管理局网站。

提取现金每卡每日额度统一为等值1万元人民币；三是个人持境内银行卡境外提取现金超过年度额度的，本年及次年将被暂停持境内银行卡在境外提取现金；四是个人不得通过借用他人银行卡或出借本人银行卡等方式规避或协助规避境外提取现金管理。

外汇局坚持支持个人持卡跨境合规使用。规范银行卡境外大额提取现金交易，是反洗钱、反恐怖融资、反逃税的必要举措，可进一步防范银行卡提取现金领域的违法犯罪活动。《通知》遵循经常项目可兑换要求，不改变个人便利化年度5万美元购汇额度，不影响个人正常提取现金和消费，不影响个人用汇便利性。

《通知》自2018年1月1日起实施。

人民银行发布了关于百行征信有限公司（筹）相关情况的公示。

关于百行征信有限公司（筹）相关情况的公示①

中国人民银行受理了百行征信有限公司（筹）的个人征

① 此公示来源于人民银行网站，http://www.pbc.gov.cn/rmyh/105208/3456248/index.html。

信业务申请，根据《征信业管理条例》《征信机构管理办法》等规定，现将百行征信有限公司（筹）相关情况予以公示（见附件），公示期间，如有异议，请及时反映。

公示期限：2018年1月4日—2018年1月13日

联系电话：010-66199537，010-66195815

邮箱：zxjzqyj@pbc.gov.cn

附件：百行征信有限公司相关情况

三、遗产税的利与弊

中国香港从1915年开征遗产税，在2006年2月11日这天香港的遗产税正式寿终正寝。也就是说，在2006年2月12日零时之后去世的香港居民，其遗产将不再需要缴纳遗产税。

由于国际竞争日益激烈，遗产税会造成资产外流等情况发生，所以不少国家和地区纷纷采取了取消遗产税的做法。取消遗产税有利于稳定富人的投资行为。2005年11月2日，香港特别行政区立法会通过了《2005年收入（取消遗产税）条例草案》（以下简称“法案”），并于2006年2月11日正式生效。中央财经大学税务学专家刘桓分析，香港取消遗产税主要还是为了拉动香港的投资增长。他指出，由于有遗产税的限制，不少富人纷纷在香港以外的避税港投资。香港这些年虽然投资环境还不错，但投资动力不是很足，这种投资的缺乏造成香港经济缺乏活力。所以这次取消遗产税，主要还是鼓励港人在港投资的信心。他指出，通过取消遗产税，可以稳定富人的投资行为，并且有利于拉动香港经济。刘桓认为香港政府取消遗产税非常有远见。取消遗产税可以增加香港对投资者的吸引力，让更多人特别是外地投资者，透过在香港的信托或公司，持有在港资产，并令一些现在通过投资海外资产以避免缴遗产税的人将投资调回香港。[①]

据悉，香港的遗产税开征于1915年，其后不到百年时间，香港一共对免税点进行了3次调整，免税点逐步从500万港元调高到750万港元，但适用的税率一直维系在5%~20%。在2004年3月，香港财政司司长唐英年首次公开提出取消遗产税的建议之后，遗产税能否取消引起了香港各界的热议，直至2005年11月法案获得正式通过后，各方猜测才逐渐平息。目前，香港有大部分缴纳遗产税的个案，其扣除豁免后的遗产值均在2 000万港元以下。由此可见，因取消遗产税而受惠的中小企业及中产阶层人士多于富裕阶层人士。

尽管民意调查显示70%的人支持取消遗产税，但仍然有30%

---

① 搜狐新闻，http://news.sohu.com/20060213/n241797565.shtml。

的人不赞成取消。并且，这样的反对声音在2005年7月达到了高潮，并致使本应在7月通过的法案不得不延后。反对的原因在于，他们认为取消遗产税将直接减少香港财政收入，而由此促进的投资增长又无法确切地进行评估。1999—2003年，遗产税收入约占香港财政收入的0.7%。遗产税若取消，就可能使香港财政收入每年减少约15亿港元。因此有一部分人担心，取消该税项，可能使得香港的财政赤字雪上加霜。但支持者援引新西兰的例子认为，新西兰在1992年取消遗产税后，翌年直接外来投资骤增103%，之后两年投资亦保持了20%的增长速度。他们坚持认为，新西兰直接投资的增加与遗产税的取消有必然联系。

遗产税的负面作用引发多国对此税种停征，尽管世界上有100多个国家和地区开征了遗产税，但近些年来，不少国家和地区纷纷采取了取消遗产税的做法。为什么这个兴起没多长时间的税种要被取消？刘桓教授解释道，西方国家遗产税最兴盛的时期是在20世纪六七十年代，设立该税种主要是为了削减不劳而获的所有者的财产。自从第二次世界大战之后，各国的经济发展速度加快，在这种环境下，大家对公平的要求都很高，于是遗产税开始在各国流行起来。到了六七十年代，征收遗产税成为一个普遍现象，并且其税率在某些国家一度达到了72%。按现有的征收方案，遗产税是一项不折不扣的“富人税”。事实上，它在世界大多数国家中起到的主要作用是调节贫富差距，而非增加财政收入。遗产税具有负面作用，这主要表现在两个方面：一方面，在国际竞争日益激烈的情况下，它会造成资产外流；另一方面，因为有些遗产是公司股权，如果征收遗产税，抽走资金，就会使公司资产受到影响。如果一个国家或地区征收遗产税，而相邻的国家或地区不征收，投资者在选择投资地点的时候就会将这个问题纳入其投资的考虑因素中。因为征收遗产税，对后代继承财产很不利。因此，取消遗产税越来越成为各国争夺投资的武器。从20世纪90年代开始，各国都纷纷降低了遗产税的税率。

征收遗产税的好处：

①有利于缩小贫富差距；

②可以带来积极的经济效应和社会效应；

③可以抑制社会浪费；

④开征遗产税维护了我国税收的主权。

开征遗产税的负面影响：

①对民营经济造成冲击；

②可能导致资金和人才外流；

③遗产税的征管要求和成本较高；

④违反传统道德，继承人在承受丧失亲人之痛的同时，还得承担起缴纳大笔税负的重担。

现在有A、B、C三座城市，这三座城市都是国际化大都市，都有吸引人才和创新的需求。而在这三座城市中，有两个城市征收遗产税，另一个城市不征收。如果现在有一位顶尖人才，准备在这三座城市中挑选一个作为他日后的事业发展和定居地，他肯定会优先选择不征收遗产税的城市。

香港作为中国的窗口城市、亚洲的金融中心，这样一座具有世界影响力的城市取消征收遗产税，其目的就是吸引优秀人才和优秀公司入驻。

2017年4月27日美国东部时间凌晨1点30分，特朗普签订了税改计划，这次税改中有条重要内容：永久取消遗产税！但是本项议案还没有获得国会通过。美国的遗产税本就不算高，特朗普政府现在还执意要取消遗产税，这意味着如果美国取消了遗产税，未来将会有大量的人才、资本、创新资源流向美国。而这也进一步加快了我国开征遗产税的步伐。接下来再从财富的角度分析开征遗产税的现状，我们发现在中国现在的发展环境下，许多人的资产会超过1 000万元，特别是在一线城市中。

未来，如果国内真的开始征收遗产税，如果起征点是1 000万元，这样很多人会被征收遗产税。

四、保险在遗产税中的运用

假设中国未来会开征遗产税，那么你在离世之前直接将所有财产送给子女或者孙子孙女，在离世以后你名下无遗产，这样是不是就能够成功地避开遗产税？

在全球范围内，凡是开征遗产税的国家都会有一个配套税种——赠予税。

以日本为例，继承税封顶金额是6亿日元，赠予税的封顶金额是4500万日元，从这点不难看出，赠予税和遗产税的征税范围恰好实现了“无缝对接”。换言之，有遗产税的地方必然有赠予税，并且赠予税的起征点比遗产税还要低。所以不要妄想通过类似于离世前把财产一次性赠送给子女的方法来进行避税，这是不可能的，因为遗产税和赠予税本来就是一对形影不离的双胞胎。（见表6–6）

我们既然不能通过直接赠予的方式来绕开遗产税，那么能否通过其他方式将财产悄悄转移？

假设张三拥有上千万元资产，为了规避遗产税，他将自己的财产全部用来购买金条，最终他购买了数千根金条，并把这些金条全部存放在自己家中，2030年张三在弥留之际，把自己的儿子小张叫到身边，将这些金条全部交给了他。请问，张三运用这样的方式能否成功地避开遗产税？

表6-6　日本赠予税

<table>
<tr><th>标准（日元）</th><th>一般税率（一般赠予财产，%）</th><th>特例税率（特例赠予财产，%）</th></tr>
<tr><td>200万以下</td><td>10</td><td>10</td></tr>
<tr><td>200万~300万以下</td><td>15</td><td rowspan="2">15</td></tr>
<tr><td>300万~400万以下</td><td>20</td></tr>
<tr><td>400万~600万以下</td><td>30</td><td>20</td></tr>
<tr><td>600万~1 000万以下</td><td>40</td><td>30</td></tr>
<tr><td>1000~1 500万以下</td><td>45</td><td>40</td></tr>
<tr><td>1 500万~3 000万以下</td><td>50</td><td>45</td></tr>
<tr><td>3 000万~4 500万以下</td><td rowspan="2">55</td><td>50</td></tr>
<tr><td>4 500万以上</td><td>55</td></tr>
</table>

资料来源：日本税务局官网

从理论上讲，这种方法似乎切实可行，但在实际操作中，你会发现存在诸多风险。

首先，黄金不能直接交易。黄金作为一种贵金属天然就是货币，尤其是在发生社会危机和战乱的时候，所以国家一直把黄金当作一种贵金属储备，对其监管是非常严格的，金条在普通的金店是无法流通的，只能在银行进行买卖。

为了避开遗产税，小张在张三去世多年以后拿着这些金条去银行兑换，这时候他就会面临一系列的问题（假设2030年我国会实施遗产税）：

情况一：

银行：你的金条是从哪里来的？

小张：这是我父亲给我的。

银行：那就请你让你的父亲本人带上相关证明再过来。

小张：我父亲2030年的时候就已经去世了。

银行：2030年我国已开征遗产税，请问你的金条有完税证明吗？如果没有，你就需要及时进行税款补缴，而且推迟了这么多年可能会涉及罚款。

情况二：

银行：你的金条是从哪里来的？

小张：这是我父亲的朋友送给我的。

一旦小张这样说，银行就会直接联系他父亲的朋友，因为赠送是要交赠予税的。

情况三：

银行：你的金条是从哪里来的？

小张：这是我自己购买的。

当小张这样说的时候，银行就会要求他提供纳税识别号。查询纳税识别号后，银行会发现，根据小张的纳税记录，他根本就不具备购买这么多金条的能力。因为纳税记录与消费能力不匹配，小张的金条会按照“清理规范隐性收入”的要求，进行补税。

情况四：

小张：这些金条是我刚进门时捡到的。

这大概是人们最喜欢找的借口，毕竟千金难买好运气，可是我在这里要奉劝各位，去银行兑换金条的时候千万别说金条是捡到的，因为根据国家《民法通则》第七十九条规定：拾得遗失物和无主物归国家所有。

虽然《民法总则》已经出台，但拾得遗失物的规定没有改变。

小时候我认为拾金不昧是一种美德，学了法律以后我才发现，拾金不昧是每个公民的法定义务。你如果不拾金不昧，可能会犯侵占罪。

国内变现实在很难，你能否将金条偷偷带出国？这种想法简直是天方夜谭。在通常情况下，你还未出国门，携带的金条就被海关扣押了。因为我国的走私罪里有一条，叫作走私贵重金属物品罪。这种罪又分为两种情况：一是从国外走私进入国内；二是从国内走私到国外。

既然利用黄金绕开遗产税的方案都行不通，那么你是否可以在临终前把自己所有的财产都变卖，然后购买保险避税。采用这种方式是否可以彻底逃开遗产税？

我不认为这是可行的，因为每个人的家里都有优质资产，比如，新三板的原始股，在新三板做得非常好的公司，可能马上会在主板上市。那么此时会有人选择把股权卖掉，然后全部买保险吗？

当然不会。因为原始股一旦在主板上市往往会有成百上千倍的收益。既然不能卖掉，那么继承这笔股权就需要缴纳遗产税。况且，我们根本不知道自己什么时候会离世，这样就导致人们很难把握做规划的时机。

在了解了遗产税的知识后，我们要对遗产的继承方式有所了解。在世界各国，都是先由继承人向国家交税后，继承人才能顺利地继承财产，也就是说，先交税后继承。

日本有一个著名的案例——美智子皇后继承案。美智子皇后的父亲是第二次世界大战前的著名实业家——正田英三郎。他在去世的时候，有33亿日元的遗产，美智子想要继承父亲的遗产必须缴纳15亿日元遗产税，美智子皇后没有这么多钱，只能东拼西凑，最后她把房子也拿出来卖了，才凑够15亿日元缴纳这笔遗产税。

五、保险——现金传承之王

先交税，再继承，这是大多数遗产税国家正确的继承和缴纳顺序，一个家庭的优质资产越多，意味着子辈在继承财产的时候需要交的税越多。

这个时候问题就来了，子女在没有继承长辈的遗产之前，根本无力支付继承遗产所需要缴纳的高额遗产税。在这个时候，保险的作用就开始显现出来了（见图6–7）。

保险在其中发挥的作用就是充当子女继承遗产前所需缴纳的遗产税，当长辈离世，最好的情况应该是他的子女会同时接到两个电话。

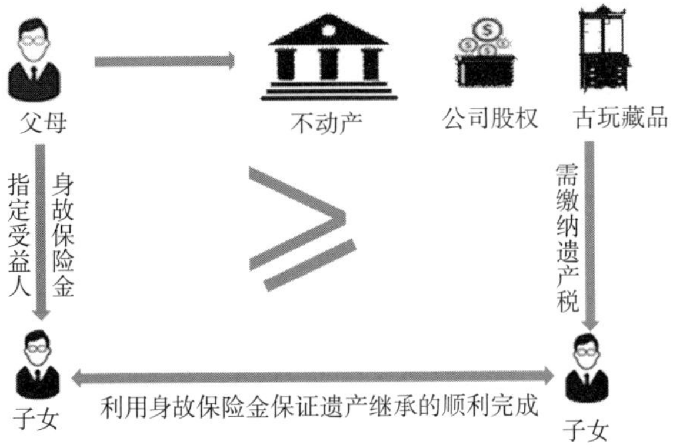

图6-7　终身寿险传承图

第一个电话是税务局打过来的，让他立刻缴纳遗产税。第二个电话是保险公司打来的，让他去领取身故金。这时领取的身故保险金一定要大于，至少等于他所需要缴纳的遗产税，这就叫作利用身故保险金保证遗产继承的顺利完成。

在其他国家，很多富豪都采用这种方式保证自己的遗产可以被顺利继承。对保险在其中发挥的重要作用，我给了它一个响亮的称号——“现金传承之王”。

但当我们真正做这件事情的时候，有一个细节非常重要，那就是身故受益人的选择。《保险法》第四十二条规定：未指定身故受益人的保险按照遗产处理。按照遗产处理，不代表就要交遗产税。《最高人民法院关于适用〈中华人民共和国保险法〉若干问题的解释（三）》明确规定：没有写明身故受益人或者直接写法定受益人，身故保险金按照遗产的流程来处理，而保险金的性质未必等同于遗产。

虽然不等同于遗产，但是一旦按照遗产的流程来处理，保险金就不是由一个人直接领取，而是由一群人进行分配。所以在做传承性保险的时候，一定要写明身故受益人，而不是一个身份。很早以前国内有一个案例：一个富翁在车祸中不幸去世，保险公司需要赔偿几百万元的身故金，可是保险公司不知道究竟该把这笔身故金交给谁。因为这位富翁在购买保险的时候，身故受益人上写的是“妻子”。很多人认为，既然写的是一个称谓，直接将这笔钱交给他的妻子即可，但是这个案子难就难在，这位富商购买保险时候的妻子和去世的时候的妻子不是同一人，原本很简单的事情，因为购买保险的时候没有注意细节而变得很难解决。

但是此类问题在《最高人民法院关于适用〈中华人民共和国保险法〉若干问题的解释（三）》中，还是得到了解决。

第九条　投保人指定受益人未经被保险人同意的，人民法院应认定指定行为无效。

当事人对保险合同约定的受益人存在争议，除投保人、被保险人在保险合同之外另有约定外，按照以下情形分别处理：

（一）受益人约定为“法定”或者“法定继承人”的，以继承法规定的法定继承人为受益人；

（二）受益人仅约定为身份关系，投保人与被保险人为同一主体的，根据保险事故发生时与被保险人的身份关系确定受益人；投保人与被保险人为不同主体的，根据保险合同成立时与被保险人的身份关系确定受益人。

再做一个提醒：受益人的正确写法不是身份，而是姓名加上身份证号。

根据前面所说的知识，我在这里举一个例子，方便大家更好地理解遗产税。

张女士是一位定居中国的美籍华人，现在她想买一份保险，自己当投保人，她的女儿当被保险人，受益人是她的外孙女，而她的女儿和外孙女都定居在美国的加利福尼亚州，也是美籍华人。

数十年后，张女士离世，张女士的外孙女能否顺利地领取这笔身故保险金？领取以后她是否需要交税？如果要交税，她具体需要交几次税？

中国《保险法》第四十二条规定，未指定受益人，身故保险金按照遗产处理。张女士已经指定了受益人，身故保险金自然不需要按照遗产处理。

《继承法》第三十三条规定：

> 继承遗产应当清偿被继承人依法应当缴纳的税款和债务，缴纳税款和清偿债务以他的遗产实际价值为限。超过遗产实际价值部分，继承人自愿偿还的不在此限。
>
> 继承人放弃继承的，对被继承人依法应当缴纳的税款和债务可以不负偿还责任。

从我国的法条来看，被保险人的身故金是不需要交税的，但由于受益人是一位定居加利福尼亚州的美籍华人，所以这笔钱会从中国流向美国。

接下来看一看美国对身故保险金的相关规定，美国国税局规定：美国公民或永久居民死亡时，无论遗产位于何处，其继承人（除配偶外）有义务申报遗产总额，并缴纳遗产税（见图 6–8）。

在美国，需要自主申报遗产税额。人寿保险是否在申报的范畴之内？答案是肯定的，中国的保险金不计入应纳税所得额，但在美国保险金是被计入应纳税所得额的。

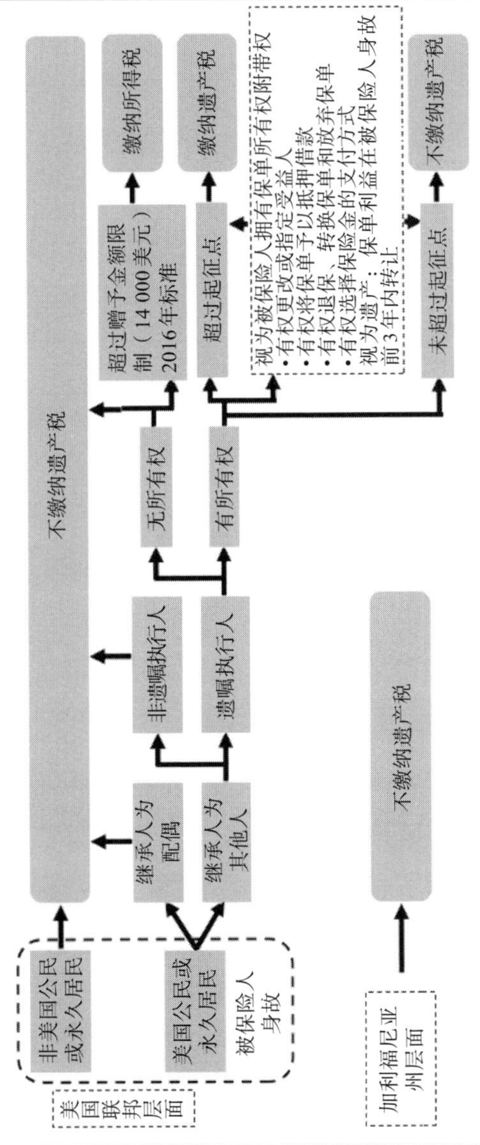

图6-8　美国遗产税征税流程图

美国2017年遗产税的免税额度是549万美元，未来的标准如何目前还不知道，但如果按照这个标准来计算，只要身故保险金没有超过549万美元，继承人就不需要缴纳联邦遗产税。如果超过，超出的部分继承人要按照速算表进行计算。在这里我就不一一赘述了。

假设这份身故保险金只有500万美元，没有达到免征额度，继承人是不用缴纳联邦遗产税的。这是否意味着继承人不用缴纳遗产税了？答案没有这么简单，还需要看一下继承人所在的州税法是怎样规定的。

美国两个州纽约州和加利福尼亚州的华人人数最多，美国加利福尼亚州不用缴纳遗产税。

没有达到联邦遗产税的指定额度，加利福尼亚州没有遗产税，所以这笔身故保险金是不用交遗产税的。

第五节　私人银行财富管理领域税务筹划策略

某天，一位客户找到我，向我咨询CRS的相关问题。

客户问：现在有没有哪一个地方投资很便宜，不征收遗产税，而且不在CRS里面？

我想了一下，答道：朝鲜、乌克兰、摩尔多瓦，以及非洲大部分国家。但这些国家我国的工商银行都不敢在那里开设网点，您懂我的意思了吗？

什么是CRS？ CRS会对我们有何影响？

CRS 的中文名称是金融账户涉税信息自动交换制度。其中有两个关键词：第一，金融账户，你在美国有一套房产是不在这个文件规定的范围内的；第二点，涉税信息，不涉税是不在CRS的管理范畴中的。

2016年9月4—5日，二十国集团（G20）领导人第十一次峰会在中国浙江省杭州市举行。20国集团的成员包括：中国、美国、日本、德国、法国、英国、意大利、加拿大、俄罗斯、欧盟、澳大利亚、南非、阿根廷、巴西、印度、印度尼西亚、墨西哥、沙特阿拉伯、土耳其、韩国。这些国家的国民生产总值约占全世界的85%，人口数量将近世界总人口的2/3。

G20与CRS的联系是什么？世界经济发展最重要的20个国家，一起联合通过了CRS。

目前全球有96个国家承诺，将在CRS制度下展开金融账户涉税信息自动交换制度，几乎涵盖了全球所有的金融中心以及发达的经济体，中国也在2015年12月16日签署了MCAA（《多边主管当局协议》)，成为第77个加入CRS的国家。

CRS是对税收制度的一种监管，加入CRS是一个最好的监管方法。因为加入CRS以后中国就可以和其他CRS成员国互换中国居民在国外的金融资产信息，这就是CRS对中国的主要作用。

在我国，一个人非常有钱，但缴纳的个人所得税非常少，有一种情况是合理的，那就是通过炒股赚取的收入，因为在我国炒股是暂免征收个人所得税的。

接下来，再看看大家最关心的保险。《个人所得税法》第四条第五款，保险赔款免征个人所得税。保险赔款和保险身故金一样吗？

你购买了一款“百万价”的保险产品，每年只需要缴纳几百元，如果出现意外事故，保险公司就会赔偿100万元保险金。这100万元就叫作保险赔款。它是免征个人所得税的。

但你如果购买的是一款年金型的理财险，那么它会产生生存金和分红金，你如果不取出来，生存金和分红金就会累积生息。如果你一直不取出这笔钱，等到你最后离开人世的时候，保险公司就会支付这笔钱。这笔钱算保险赔款吗？

其实在建议书上这一栏不叫赔款，叫作生存总利益，真正的赔款是你所交的保费。没有哪一个公司或者哪一条保险条款会把生存总利益与保险赔款挂钩。保险在保险公司所产生的生存金、分红金，以及二者的累积生息需不需要缴纳个人所得税？保险公司宣传的是不需要缴纳税款，然而现实是需要交税的。不过不是个人主动申报交税，而是由保险公司代扣代缴。所以未来拿到这笔钱是不会被追缴个人所得税的，即使要追缴，也是向保险公司追缴。

另外，身故金、残疾金、医疗保险金也是免征个人所得税的。因为身故金、残疾金、医疗保险金属于保险赔款。2017年7月1日，全国各家保险公司都会上线一款健康险，这款健康险可以用来抵扣个人所得税应纳税所得额。①

比如，你一个月的工资是5 000元，5 000元里超过个税起征点（3 500元）的部分是1 500元，这1500元被称为应纳税所得额，应缴纳的个人所得税税款是：1 500 × 3%=45元。我们国家从2017年7月1日开始，购买健康险后可凭借健康险的发票抵扣个人所得税的应纳税所得额，税前扣除2 400元/年，也就是每月可抵扣200元，扣除后应缴纳的个人所得税税款是:（1 500－200）× 3%=39元。

这个抵扣条件也许不足够减少个人所得税负担，但是从这个政策可以看出政府的用意：国家鼓励居民购买商业健康险。

再说回CRS。2016年10月14日国家税务总局发布了《非居民金融账户涉税信息尽职调查管理办法（征求意见稿）》。

① 财政部、税务总局、保监会等三部门联合下发《关于将商业健康保险个人所得税试点政策推广到全国范围实施的通知》，自2017年7月1日起执行。

从图6–9中我们不难看出，当按照顺序进行税制改革的时候，国家对保险会逐步限制。结合日本的经验，国家今后很可能会出台相应的政策，在保险的现金价值（越来越低）、缴费时间（越来越长）、首次领取时间（离首次缴费时间越来越久）、现金价值贷款比例（越来越低）、收益（逐步降低）、投保规则（越来越严）各个方面对人们进行限制。所以当房地产时代过去以后，在将重资产变成轻资产，轻资产变成避税资产的时候，大家一定要注意时间。

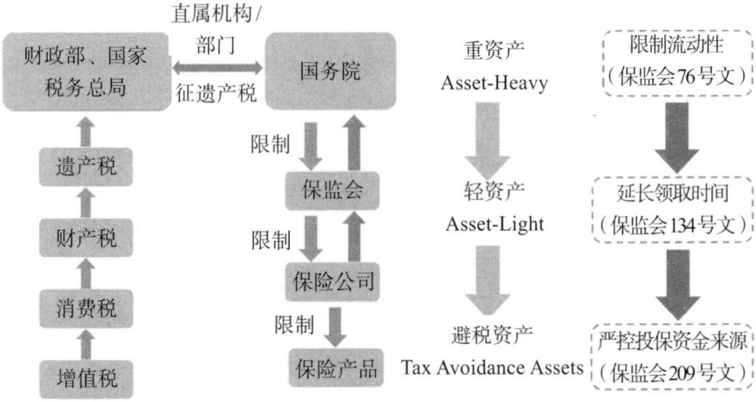

图6–9　保险和税收制度的关联图

2016年9月，《中国保监会关于进一步完善人身保险精算制度有关事项的通知》（保监发〔2016〕76号）规定，保单贷款比例不得高于保单现金价值或账户价值的80%。2017年5月17日《中国保监会关于规范人身保险公司产品开发设计行为的通知》（保监人身险〔2017〕134号）规定，首次生存保险金给付应在保单生效满5年之后，这将导致流动性进一步降低。《中国保监会办公厅关于启动中国保险业保单登记管理信息平台第三期建设的通知》（保监人身险〔2017〕209号）规定：

在相关各方共同努力下，中国保险业保单登记管理信息平台（以下简称信息平台）第二期建设已圆满结束，相关工作取得了积极成效。根据《中国保监会关于建设中国保险业保单登记管理信息平台的通知》（保监发〔2015〕102号）精神，我会决定启动信息平台第三期建设工作，现将有关事项通知如下：

一、三期建设的主要任务

信息平台第三期建设将进一步扩展保单登记范围，实现险种全覆盖。

（一）险种范围：

1.财产险登记范围扩展至全部财产保险，在第一、二期基础上增加下列险种：（1）团体投保的家财险和保证保险；（2）全部的企业财产保险、责任保险、信用保险、工程保险、船舶保险、货物运输保险、特殊风险保险、巨灾保险、医疗意外险以及其他财产保险等。

2.人身险登记范围扩展至全部人身保险，在第一、二期基础上增加下列险种：团体寿险、团体年金保险和城乡居民大病保险。其中，城乡居民大病保险暂不报送数据，报送时间及相关要求由中国保险信息技术管理有限责任公司（以下简称中国保信）另行通知。

（二）数据范围：各保险集团（控股）公司、保险公司、相互保险公司（以下简称各保险公司）自开业以来上述险种的全部保单数据，包括全部失效保单和有效保单。

二、三期建设的时间安排

各保险公司与中国保信应相互配合，于2018年8月底前完成平台建设第三期工作。具体时间要求如下：

（一）2017年12月底前，中国保信制定并发布信息平台第三期建设技术方案。

（二）2018年5月底前，各保险公司根据信息平台第三期建设技术方案，完成系统改造、接口开发、与平台的联调测试以及系统正式上线工作。

（三）2018年6月1日起，各保险公司开始向信息平台传送第三期所涉及险种的全部历史数据，并于8月底前完成。

2018年9月1日起，各保险公司按照T+1方式传送增量业务数据。

三、有关要求

（一）切实加强组织领导。各保险公司要高度重视信息平台建设工作，支持并督促各自机构的信息平台建设工作领导小组切实履行职责，尽快部署相关资源，确保按时完成系统开发、对接、联调测试、系统上线和数据传送等工作。未组建领导小组或领导小组人员发生变动的机构，要及时填写“保险机构信息平台建设工作领导小组名单”，通过保监会电子文件传输系统报送我会保单登记领导小组办公室，同时抄送中国保信（bddj@ciitc.com.cn）。

（二）持续提升数据质量。各保险公司要严肃对待保单数据上报工作，准确理解信息平台数据报送相关要求，持续推进保单登记数据质量管理，对可能影响保单登记平台数据质量的情形进行全面排查，通过业务源头治理、传送数据自查和错误数据及时修正等多种措施，切实提高保单登记数据质量。

（三）有效加强沟通协调。中国保信要充分考虑到第三期建设险种范围广、数据模型复杂、涉及保险机构多等难点，主动加强与各保险公司沟通协调。在建设过程中，要及时总结经验、发现问题，确保信息平台第三期建设顺利完成。

附件：保险机构信息平台建设工作领导小组名单

中国保监会

2017年8月15日

第七章

债务风险不要“怕”：用保险建立防火墙

我在前面介绍了人生四期和职业四象限，不论哪一家公司的大额健康险或理财险，真正具有购买力的人大多数处于满巢期或者离巢期前期，他的职业应该属于B象限，也就是企业主。至于I象限，这些客户基本都掌握在私人银行理财经理的手里，而且人一旦进入了I象限，信息来源渠道会很广阔，资产配置方式也很多。你就算具备极强的专业能力，与他们建立了信任，也未必可以拿下该类客户的保单。

B象限人群和其他象限人群不同的是，他们的债务风险明显大于E象限和S象限人群。

在今天的中国，人们不管做什么生意，都会有一个责任实体（个体户、合伙企业、有限责任公司等）。无论是什么类型的实体，责任形态都只有两种：有限责任和无限责任。无限责任是财富管理的大敌，因为这会让你长期经营积累的财富一损俱损。有远见的企业家通常会把自己的核心公司设立为有限责任公司，但是遗憾的是，很多客户并不知道有限责任也不能完全做到债务隔离。

我们对保险这种金融资产可不可以被强制执行，法院能否强制退保执行保单的现金价值，用什么样的程序执行，我国司法界一直没有明确的说法。这导致在营销领域该类问题一直含糊不清。在我国保险行业，很少有代理人能够把保险资产隔离从而防范债务风险的问题讲清楚（见图7–1）。

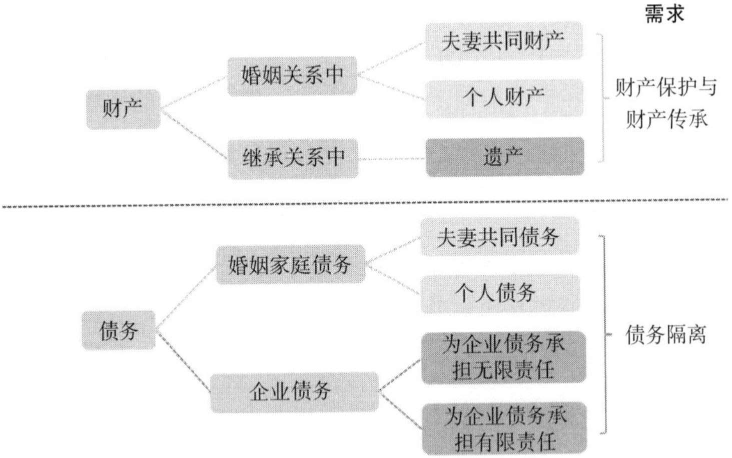

图7–1　财产和债务传承关系图

保险作为一种金融工具未来一定会被越来越多的人接受，但是它在作为一种资产进行配置的时候，这个资产在法律上的性质是怎样的？它可不可以被执行？如果可以被执行，它应该遵从什么程序？在这个过程中，客户有没有可能遇到不被执行甚至是资产隔离的情况？这些问题对保险知识普及和高净值客户评估保险产品购买，有非常重要的意义。

第一节　债务让家庭财产一损俱损

对债务危机这个话题，最感兴趣的应该是B象限的人，也是我们要给B象限客户首先强调的。

在中国街边卖牛肉面的店主在法律上叫作个体工商户。个体工商户需要承担什么样的责任？《民法通则》第二十九条规定：个体工商户、农村承包经营户的债务，个人经营的，以个人财产承担；家庭经营的，以家庭财产承担。也就是说，个体工商户以个人财产经营的，用个人财产来承担；以家庭财产经营的，用家庭财产来承担。这就是个体工商户承担的责任。

B象限的责任实体除了个体工商户，还有合伙企业。合伙企业包括：普通合伙、有限合伙、有限责任公司。有限责任公司分为：个人有限公司、股份公司、上市公司，中外合资、中外合作、中外合营等。

什么样的实体不重要，因为实体实在太多了。我们只需要记住责任形态即可。责任形态就是一个企业的股东或者企业的管理者需要承担的责任。

无论什么样的企业，股东责任形态有且只有两种：一种是有限责任，典型的如有限责任公司；另一种是无限责任，典型的如普通合伙企业的合伙人。

用一个例子解释无限责任：

如果张三和李四为共同做某事成立了一家合伙企业，在做这件事情的过程中，二人的合伙企业发生了亏损，张三和李四就需要共同为亏损承担无限连带责任。假设这个合伙企业投资了50万元，但是实际亏损了500万元，这500万元就需要张三和李四二人用家庭财产来偿还。如果这个时候张三已经结婚了，即使是婚前的财产也需要用来偿还债务，因为婚前财产只意味着夫妻双方在离婚的时候不用分此财产，但是它无法对抗婚姻存续期间的债务问题。

聪明的企业家一定会选择另一种责任形态，那就是有限责任。我们所接触到的客户的公司，通常都是有限责任公司，因为有限责任公司在法律上是以出资额为上限承担有限责任的，所以很多人为了经营安全和保护家庭财产，将家庭财产与企业资产之间进行隔离，从而选择设立有限责任公司。

但是，我想说的是，有限责任公司不一定能承担绝对的有限责任。

> 《公司法》第二十条规定：公司股东应当遵守法律、行政法规和公司章程，依法行使股东权利，不得滥用股东权利损害公司或者其他股东的利益；不得滥用公司法人独立地位和股东有限责任损害公司债权人的利益。公司股东滥用股东权利给公司或者其他股东造成损失的，应当依法承担赔偿责任。公司股东滥用公司法人独立地位和股东有限责任，逃避债务，严重损害公司债权人利益的，应当对公司债务承担连带责任。
>
> 《公司法》第六十三条规定：一人有限责任公司的股东不能证明公司财产独立于股东自己的财产的，应当对公司债务承担连带责任。

现实中，商业银行在给企业主发放贷款的时候，要求企业主的夫妻双方为企业的债务签订连带担保责任。

这一系列的规定和市场通行的规则，很大程度上削弱了有限责任。根据本书第三章讲到的《婚姻法》的有关内容，夫妻债务也是常见的家庭财富大敌。因此企业资产和家庭资产隔离显得尤为重要（见图7–2）。

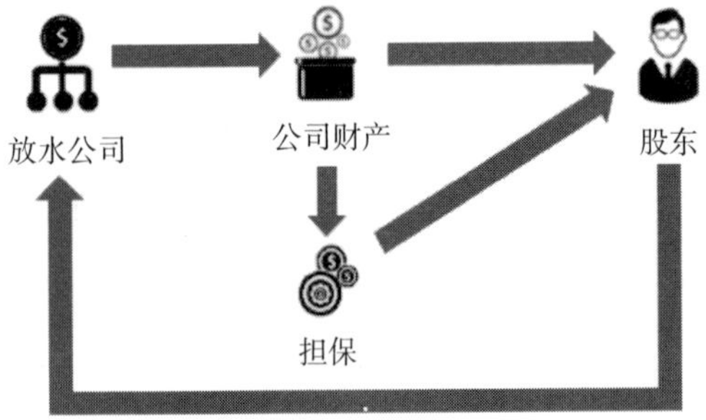

图7–2 资产混同图

很多理财经理向我抱怨："每当我们一开口和客户说企业资产要与家庭资产隔离，客户的第一句话就是，有限责任公司不需要隔离资产。"

遇到这样的情况，最好的解释方法是利用《公司法》第二十条，换言之，在我国的法律体系下，根本不存在绝对的有限责任。为了让大家更好地理解这个问题，我举一个实际案例。

某有限责任公司的一位股东因为个人资金周转紧张，就以公司名义进行民间借贷（也就是俗称的高利贷）。在民间借贷中个人的借款利息非常高，为了将利息降低并与自己的家庭资产隔离，这位股东以公司价值4000万元的财产为自己的这笔借款进行担保（用公司的财产为个人的财产进行担保，这个行为不存在绝对的违法和不违法，这主要视各公司章程的规定而定）。在这位股东做这件事情的时候，该公司已经欠了很多外债。

欠债肯定要还钱，资不抵债就会导致公司破产，但不是公司只要资不抵债就会破产，这取决于债权人是否向法院申请破产程序。

在上述案例中，多名债权人觉察到还款没有希望，于是向法院申请破产。按照普通人对有限公司责任的理解，这个案子一定会以公司破产告终，然后用剩下的资产偿还，能偿还就偿还，破产财产不足以清偿同一顺序的清偿要求的，按照比例分配，并且所有的股东都可以免责。

实际情况不是这样的。根据《中华人民共和国企业破产法》的规定，破产债权，清偿是有顺序的，有抵押债权在无抵押债权之前，员工工资在股东利益之前，应缴税款等也排在股东利益之前。

在正式进入破产程序清算以前，民间的借贷公司首先会拿走公司价值4 000万元的设备，因为那位股东的贷款有4 000万元，所以用4 000万元的设备进行债务抵押，事实上，抵押设备的价值远不止4 000万元。民间借贷公司在其他债权人还没有正式清算之前，就把固定资产拿走，这种做法是否会对其他三位债权人的利益造成损害？

答案是肯定的。因为这些设备没有用于生产和经营，而是被那位股东用来对自己的债务进行担保。在这个时候，公司破产损害了债权人的利益，债权人该怎么办？根据《公司法》第二十条，公司股东滥用公司法人独立地位和股东有限责任逃避债务，严重损害公司债权人利益的，应当对公司的债务承担连带责任。这个时候，债权人可以越过公司的有限责任直接找那个股东。

温州市中级人民法院民二庭庭长鞠海亭介绍，企业破产并不是什么不光彩的事情，它是保护企业、减少亏损的方式。上述公司的重组案件中，个人资产之所以和企业债务合并处理，是因为经营者没有将个人资产和企业资产区分开来。所以有限责任不是一把可以逃避债务的保护伞，当危机来临时，有限责任并不“有限”。

第二节　建立资产防火墙

一、代持并非万无一失

客户的资产形态一般有不动产、黄金、古玩、保险等，而且在通常情况下，中国的企业家都不只是一个企业的负责人或股东，尤其对于民营企业家而言，他们往往入股身边朋友的项目。当然这在没有出现任何意外的情况下，自然是一件好事，但是如果权益类资产出现了问题，他们要么承担无限连带责任，要么承担有限责任。

既然公司出现危机会影响自己的家庭财产，那么能否在企业资产和家庭财产之间构建一道防火墙，用它来保障家庭财产的安全？

我们不妨试想一下，这些客户在筑巢期的时候，创业如果失败，他们是没有任何损失的，因为在那个年纪很多人都是一无所有，创业失败无非就是从一无所有到一无所有。

但是我们真正服务的大客户都是处于满巢期或离巢期的人，他们的年纪一般都超过40岁，其中很多人已经50多岁了。在这个时候如果公司出现风险，财产被执行，他们再想重新致富的概率就会很小，毕竟不是所有人都能够成为褚时健。

从科学的财务规划来看，如果想要为这些客户在他们的企业资产和家庭资产之间设立一道防火墙，我们有两种方法：第一种方法是代持，目前有许多企业家都在用它，但我个人认为它不是一种很好的方法；第二种方法是人寿保险。

案例：

代持存在的漏洞

某商会的会长名下有价值3亿元的公司和价值3 000万元的房产，他采用了代持的方法以隔离资产：

1.将价值3亿元的企业资产放在岳母与小舅子的名下。

2.把价值3 000万元的房产全都放在公司名下。

当然前提是这三个人都很忠诚。这还远远不够，为了安全起见，会长还与这三个人分别签署了代持协议，正如其他许多企业家都认为只要代持就能确保万无一失一样，这位会长也认为自己的方法非常完美，因为掌控权在自己手上，所有权又不在自己的手里。然而他不知道这种方法其实存在以下几个漏洞（见图7–3）：

第一，如果他的岳母不幸去世了，那么会出现什么情况？

如果他的岳母不幸去世，岳母所持有的资产的股权就会变成她的遗产。财产在成为遗产以后，岳母的继承人就能继承这笔遗产，这个时候会长与他的岳母签订的代持协议对岳母的继承人是没有法律效力的。

第二，如果小舅子和司机分别离婚了，那么会出现什么情况？

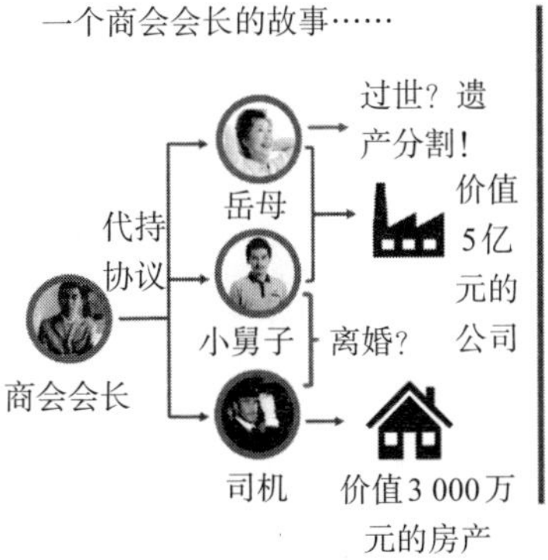

代持的风险：

- 第一重风险：代持人不听话
- 第二重风险：代持人自身不能控制的离婚、继承事件导致所代持财产被他人分割（代持协议不得对抗债权人和其配偶）
- 第三重风险：代持财产后续处理需要支付税款

图7–3　资产代持风险图

小舅子和司机分别离婚，财产就会被分割，商会会长的代持协议对小舅子的妻子以及司机的妻子也是没有法律效力的。

这个商会会长如果足够聪明，就会让岳母的所有继承人，他的小舅子、司机的全部继承人以及他们的配偶全部签字，然而代持协议本来就是一件私密的事情，不该让这么多人知道，这些人即使知道以后全部都签了字，而且他们都认同这份协议，无论何种情况都不会触碰这些资产，都仍有一个风险，那就是这三人的债务风险。

2012年，我曾经办理过一个案件，当年四川省成都市非常流行创立小额贷款公司，四川省政府金融办对小额贷款公司立了一条规矩：新成立的小额贷款公司的股权两年内是不得转让的。

一位做地产生意的客户，因为小额贷款市场火热，只花费2 900万元就从某小额贷款公司的一位股东那里买到了20%的股权。因为这个股东的股权还未满两年，按照规定是不得进行转让的，这位客户担心时间太久会出现变故，所以希望我能想出一个解决办法。

于是，我让客户与这位股东签署一张代持协议，让客户代持这份股权，并且还让出售股权方以及他的妻子和他所有的继承人签字。签完字以后，我本想会万无一失，但百密一疏，没想到还有一个债务风险。

这个股东的另一个产业导致他负债几千万元，对方债权人通过法院进行起诉，以他在小额贷款公司的股权为偿债的财产标的，一纸判决书批下来，就把20%的股权拿走了，并且不能转让。两年以后，我方拿着的是代持协议，对方拿着的是法院的判决书，很明显判决书的效力比代持协议的效力大得多。

我的这位客户只能眼睁睁地看着他的股权，因为那位股东的欠债而被划到债务人的名下，而之前他所付的2 900万元全部打了水漂。

回到刚才这个案子，就算会长的岳母去世，小舅子和司机离婚这些事情都想到了，也还有一个关键点，万一小舅子的妻子在外面做生意欠钱了，会长该怎么办。对方会把这位商会会长的小舅子以及他的妻子一起告上法庭，而小舅子名下的3亿元资产同样也会被执行。

所以，代持是非常危险的，因为这种情况极有可能出现：

①代持人不值得信任。

②代持人自身不能控制继承、离婚等原因导致的财产被他人分割。

③代持财产在后续处理的时候可能会产生税款，因为代持人无法永久代持，总有一天财产会被转回，等到转回的那一天，国家或许已经开征遗产税和赠予税了。

二、不可被代位求偿的财产

如果不做代持，保险代理人该怎么办？我们还可以用另一种方法，我给这个方法取了一个名字叫作“为自己设立一笔不可被法律强制执行的财产”。从法律角度来说，这是一个病句，因为没有财产是不可被法律强制执行的。

而我所说的“不可被执行的财产”是指为自己设立一个

相对隔离的财产。具体的操作方法是什么？我们先来看一下相关法律。《合同法》第七十三条：因债务人怠于行使其到期债权，对债权人造成损害的，债权人可以向人民法院请求以自己的名义代位行使债务人的债权，但该债权专属于债务人自身的除外。代位权的行使范围以债权人的债权为限。债权人行使代位权的必要费用，由债务人负担。

假设A欠B 50万元，B欠C 100万元，如果B不想还钱，他就不会找A要钱，因为A一旦把50万元还给他，他就要把50万元还给C，这个时候法律如何救济C？

债务人B怠于行使对A的到期债权，因而对债权人C造成损害，债权人C可以请求人民法院以自己的名义向A代位行使债权人的债权。代位求偿权，是法律赋予C的一项权利：C可以直接代替B找A还钱。如果没有这个法条作为支撑，C找A要钱，A根本不会理会C，因为他只欠B的钱，不欠C的钱，因为有了这条规定，C可以直接越过B去找A。

“但该债权专属于债务人自身的除外。”这句话又该如何理解？打一个不恰当的比方，如果A欠B 50万元，但是一直无钱偿还。某天，A出门的时候不小心发生了车祸，被人撞断了一条腿，这个肇事司机赔偿B 50万元，现在的情况是，A欠B 50万元，肇事司机欠A 50万元，但B能不能越过A直接找肇事司机拿回这50万元？根据《合同法》第七十三条，这似乎可行，但是请注意最后一句话，“但该债权专属于债务人自身的除外”。什么叫作专属于自身？这个债权与某些人身属性或者生命价值属性绑定，导致这样的属性让别人无法执行，也就类似于我之前所说的生存权优于债权。

假设张三在深圳有一套50平方米的房子，一家五口都住在里面，并且他们一家五口没有别的住处。某天，张三因为缺钱，以自己的房子为担保向银行进行贷款，但后来他迟迟不肯还钱，银行能否强制将张三一家人全部赶出去，再把张三的房子卖掉？

从法律来说，这是可以的，因为欠债还钱，天经地义，还不起钱当然可以用房子来抵，况且张三还是用房子做抵押向银行借的钱。

但是，张三的房子只有50平方米，且他一家没有别的房产，如果因为贷款无法偿还而导致张三的房子被银行强制执行，就会使张三一家五口露宿街头，也就是法律上的丧失居住权，而居住权其实是生存权的延伸，当生存权与债权相冲突时，生存权会优于债权，所以法院一定不会判决强制执行。

其实在现实生活中，很多时候都是这样的，只要一个人不非法集资、不非法吸收公众存款，哪怕他欠再多的钱，只要他人不消失、不“跑路”，也没有表现出任何不还钱的意图，哪怕他不偿还债务，法院就没有办法解决这个问题。这也是许多“老赖”借了许多钱，法院却无法强制执行的原因。

假设前面案例中的C已经越过B找到A，并依法要求A偿还了这笔欠款，B还欠C 50万元。此时，B先生的房子要拆迁，政府准备给他100万元安置费。B先生不幸遭遇车祸，对肇事人有50万元的人身伤害赔偿请求权。B先生远在边疆的父亲又得到了200万元抚恤金。C是否可以从B先生的350万元的财产中实现自己50万元的债权？

我在前面提过，“但该债权专属于债务人自身的除外”。我们看一下议定债权与法定债权的区别，“议定”意思是由当事人商量进行的，“法定”意思是由国家的法律规定的。专属于债务人的债权显然是法定的，如果是议定的，就会闹出各种乌龙事件。比如，张三欠债不还，债权人要求强制执行时，张三会说：“如果我不住在500平方米的房子里就会头晕，出门不开宾利车就会迷路，所以你不能强制执行我的豪宅和豪车。”这显然很荒谬，所以专属于债务人自身的债权必须是法定的。

在法定的情况下，哪些债权专属于债务人自身，是不可以被代位求偿权执行的？《最高人民法院关于适用〈中华人民共和国合同法〉若干问题的解释（一）》是这样规定的：

> 《合同法》第七十三条第一款规定的专属于债务人自身的债权，是指基于扶养关系、抚养关系、赡养关系、继承关系产生的给付请求权和劳动报酬、退休金、养老金、抚恤金、安置费、人寿保险、人身伤害赔偿请求权等权利。

所以C不能从这350万元中实现债权，而且从法律的角度解读这个法条就是人寿保险不可被代位执行。不可被代位执行和不可被执行是不同的。打个比方，如果发生了保险事故，保险公司就会赔偿给受益人一笔理赔金，而受益人如果在此时欠债，但是没有领取受益金，法院能否代这个受益人把这笔钱拿出来呢？显然这是不行的。

《合同法》第七十三条提到，退休金、养老金、抚恤金、安置费、人寿保险、人身伤害赔偿请求权（请注意它们之间用的是顿号，顿号的修辞意义代表并列关系）。这里的人寿保险指的不是所有的人寿保险，而是特指和退休金、养老金、抚恤金、安置费、人身伤害赔偿请求权有内在一致价值的人寿保险。这个价值就是生命价值和人身属性相绑定的价值。其在保险产品中的体现，就是我们所说的健康险。健康险，以及健康险延伸的赔款和理赔金能否被法院强制执行？从实践案例来看，这似乎都不可以。但是《合同法》第五十二条第三款规定：以合法手段掩盖非法目的，合同无效。

这意味着保单是否被强制执行取决于购买这份健康险的状态和目的。比如，一个债台高筑的人，并且他的债权人已经向法院起诉偿还欠款，此时他再去购买健康险的目的就很明显了。

虽然健康险有人身保障的功能，但在借债以后再去购买健康险的目的很明显是恶意逃债，这就是以合法手段掩盖非法目的。

一个人在2012年购买了一份健康险，2013年、2014年、2015年连续三年都没有出现任何问题，2016年因为欠债他被告上法庭，在接到法院起诉书后，他还去续交了一年期的保费。在这种情况下，保单是否会被执行？

答案是不会。因为他缔结这份保单的时间是2012年，在2012年的时候，他还没有欠债，只要在缔约的时候没有欠债，接下来的续交保费就是履约。还钱是他的义务，向保险公司续交保费也是他的义务，并没有恶意逃债的动机。既然没有恶意逃债的意图，而且他购买的是健康险，所以自然可以起到资产隔离的作用。这个案例我在前面的章节提到过，这里再次提醒代理人以加深印象。

第三节　用保险化解危机

一、巧妙化解债务危机

虽然我前面说的案例很美好，但在实际操作上，用健康险隔离债务本身就是一件不现实的事情，这是众所周知的。其原因是，客户要购买任何一家公司的健康险，如果金额很大，就需要经过非常复杂的程序，而且结果是很多情况下都无法承保。也就是说，没有任何一家公司的健康险可以随随便便地让人购买高保额。今天，一个人若想到保险公司购买1亿元保额的健康险是非常困难的，首先他的身体状况要绝对过关，即使身体健康，保险公司也会进行资产匹配，因为按照我国的法律规定，在购买保险承保两年后，自杀算意外的一种，保险公司需要对此进行理赔，所以保险公司还要对客户的资产进行核定，只有当他名下的合法资产和他所购买的保额相匹配的时候，保险公司才会卖出这份巨额健康险。

就实际情况而言，为了分散风险，保险公司对这种超大额的健康险是非常谨慎的。保险公司宁愿卖100张保额100万元的健康险，也不会去卖一张保额1亿元的健康险。用健康险作为资产隔离，只是一个理论上很美好的设想。根据精算逻辑，健康险的现金价值非常低，很少有健康险能够像年金险一样，拥有持续分红的现金流，所以它不是最好的选择。

最好的选择是什么？理财险。购买理财险隔离资产，我们想到的第一点就是法院能否强制解除被执行人所投的保险合同，并强制执行现金价值。这是一个非常难回答的问题。

我可以肯定地说，对此法律是没有明确规定的。我国北京市、广东省和浙江省高级人民法院分别给出了各自的意见，但是他们的意见各不相同。

1.北京市高级人民法院公布的修订后的《北京市法院执行工作规范》(2013年修订)第四百四十九条：对被执行人所投的商业保险，人民法院可以冻结并处分被执行人基于保险合同享有的权益，但不得强制解除该保险合同法律关系。保险公司和被执行人对理赔金额有争议的，对无争议的部分可予执行；对有争议的部分，待争议解决后再决定是否执行。对被执行人所设的用于缴纳保险费的账户，人民法院可以冻结并扣划该账户内的款项。也就是说，可以冻结并处分被执行人基于保险合同享有的权益。不得强制解除该保险合同法律关系，也就是不能强制退保。

2.《关于加强和规范对被执行人拥有的人身保险产品财

产利益执行的通知》（浙高法执〔2015〕8号）规定：生存保险金、现金方式支付的保单红利、退保后保单的现金价值以及犹豫期退保，人民法院可以执行。保险公司应协助冻结、扣划保险产品的财产收益。

广东省高级人民法院《关于执行案件法律适用疑难问题的解答意见》中提出：现金价值：被执行人同意退保，可执行；被执行人不同意退保，不可执行。保险金：指定受益人不是被执行人，不可执行。无指定受益人或者指定的受益人为被执行人，发生保险事故后理赔的保险金可以被认定为被执行人的遗产，可以用来清偿债务。

我认为以上的说法都不完全正确。保险的灵魂是精算而不是法律，法律只是保险变成文本合同的语言描述方式，用来约定权利义务。我不建议利用法律的语言去描述精算的本质。

大多数法院认为理财险是可以被执行的。在执行的过程中，不是执行保费，而是执行现金价值。因为在整个交易的环节中，一般情况下，保险公司是没有过错的，保险公司没有过错，就不可能让保险公司来退保费，而执行现金价值的前提就是退保。根据我国《保险法》第十五条的规定，投保人才具有退保权，被保险人只有在第十六条规定的特殊情况下才可以退保。既然是投保人才可以退保，那么在投保人投保的过程中能不能不退保呢？

当然可以。首先既然涉及投保人欠钱会被执行，那么还有一种情况就是投保人买的是健康险。我已经说过投保人买的健康险是无法强制执行这一保单的，因为健康险和生命价值互相绑定，但如果投保人自愿把健康险退掉用来偿还欠款就另当别论了。不过，大多数人会选择不主动退保。

不主动退保的被执行人，可以参照《民事诉讼法》第二百四十二条，“被执行人未按执行通知履行法律文书确定的义务，人民法院有权向有关单位查询被执行人的存款、债券、股票、基金份额等财产情况。人民法院有权根据不同情形扣押、冻结、划拨、变价被执行人的财产。人民法院查询、扣押、冻结、划拨、变价的财产不得超出被执行人应当履行义务的范围。”人民法院决定扣押、冻结、划拨、变价财产，应当做出裁定，并发出协助执行通知书，有关单位必须据此办理。

我们来看一个人寿保单被强制执行的案例：

> 2008年，山东省济南市的郭学艺购买了中国人寿鸿寿养老产品。郭学艺欠债以后，债权人申请法院强制执行他的保单，当时法院让执行庭的人代替郭学艺签署退保书，最后虽然保单被退掉了，但是由中国人寿承担了赔偿的责任。

因为中国人寿未经投保人同意，就履行了由执行庭的人签订的退保书，将保单退保，但执行庭的人没有资格代替郭学艺签署退保书。

投保人欠债，且他购买的是普通年金型的保险，这个时候又有现金价值可供执行，假若投保人不签退保书，那么该怎么办？

针对这个问题，三个省的高级人民法院的意见各不相同（见附录）：

广东省高级人民法院认为，投保人不签字也可以执行。

北京市高级人民法院认为，投保人不签字，就做工作让他签字，不能强行解除他与保险公司的法律关系。

浙江省高级人民法院认为，投保人如果不签字，就以拒不执行法院的判决为由，根据《民事诉讼法》里的相关条款，用裁定书和协助执行通知书强制扣划财产利益，注意强制扣划财产利益不是代替投保人退保，而是以拒不执行判决的理由强制把现金价值划走。

如果投保人没有欠债，被保险人欠债了，生存金又还留在保单上，生存金是否能够被强制执行？按照有关法律规定，这种情况是可以被执行的。但是，有一点很重要，生存金是被分配在保单里的，被保险人领取生存金是需要投保人签字的，如果被保险人欠债，生存金要被执行，投保人或被保险人如果不签字，法院就没有办法强制执行。因为与人身保险相关的非退保利益（现金价值以外的，诸如生存金，分红金等利益）不能被代位执行。

我们再来看一个健康险不可被执行的案例：

2014年，浙江省的投保人吴春燕、黄有禄（平安客户）欠债，法院强制执行现金价值以后又把钱退回给了保险公司。因为投保人投保的是健康险，它不可以被执行，就算执行了，也会被退回。如果投保人自愿把健康险退掉还债，这当然是可以的。

如果投保人投保的是理财险，情况又会怎样？

投保人自愿的情况不必多说，我们要讨论的是投保人自己不愿意退保，而他购买的是理财险的情况。我们看一下理财险的产品特点，很多人不知道理财险产品本身的性质和执行之间的关系。

某保险公司曾经销售过一款产品叫作X享福，某人寿保险公司有一款产品叫作X享今生，它们都属于养老年金型产品。这样的产品有一个特点就是，投保人交钱以后保险公司不会立刻返还收益，交钱马上返还的属于普通年金型保险。而这两种产品是投保人一旦开始领取收益，现金价值就会变为零。

现金价值变为零，首先，在法律上，它意味着投保人根本不可能退保。其次，它意味着投保人不仅不可以退保，而且也没有办法申请现金价值贷款。最后，它意味着资金的流动性被锁死。

我和很多个人险代理人和银行理财经理探讨过此类产品，发现此类产品不是很受销售人员的喜欢，因为大家觉得这类产品把客户少则几十万元，多则上千万元的流动资金锁死了。如果客户的现金价值变为零，投保人自己都不能贷款了，法院还可以强制执行吗？当然也不可以。因为不管谁如何操作，现金价值都是零，退保也没有意义，这叫“执行不能”，从销售的角度来讲保险是安全性、流动性、收益性三性具备的产品，但这类产品的卖点一定不是收益和流动性，而是安全性。安全性要与法律结合，我前面提到的特殊养老年金类产品，一旦被领取，现金价值就会变为零，这意味着它失去了流动性。这时，安全性就会最大化。

这让我想到了一句话：“要想存其一，必先废其一。”废了流动性，保证了绝对的安全性。

所以我们一定要告诉客户，只要能撑到领取保费的那一天，现金价值就会变成零，它就会成为你真正的专属财产，这种安全性是通过精算的逻辑来保证的，精算的逻辑决定了这类保险产品本身的数学属性，法律对此也无可奈何。

抛开这些险种不算，普通年金型的保险投保人欠债，他的保险产品能否被执行？

接下来，我们看一下人寿保险的保单被强制执行的裁判文书在全国地区分布的情况。2011—2016年的公开数据显示，山东省的保单5年内被执行的有43件，其他省的数据可以参考图7-4。

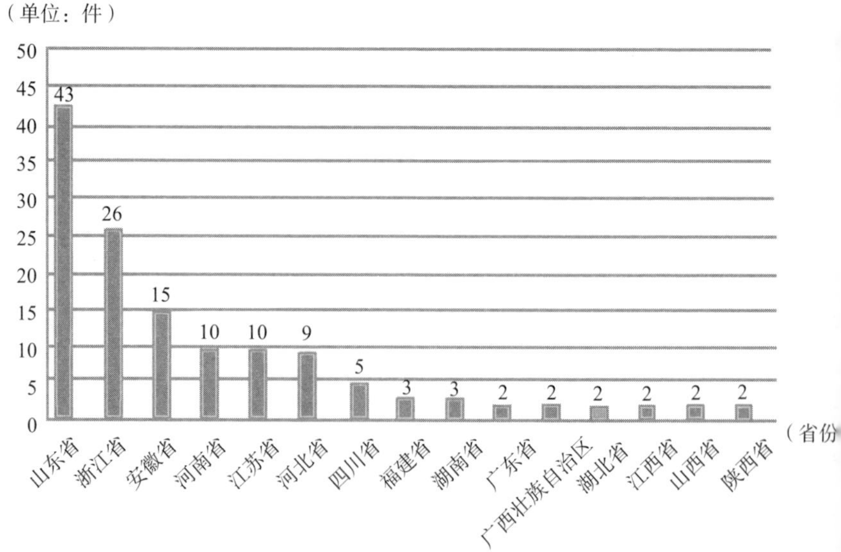

图7-4 部分地区人寿保险保单被强制执行的情况

我们不难发现，人寿保险的保单是可以被强制执行的财产，但是这样的案例还很少，说得更直白一点就是，目前各级人民法院还不知道如何解决这个问题。

但是随着《最高人民法院关于适用〈中华人民共和国保险法〉若干问题的解释（三）》出台，这些问题逐渐明晰，此法案于2015年12月1日开始正式施行。

在这里我要再次强调，因为投保人具有退保的资格，所以投保人和身故受益人是可以更换的，而被保险人是换不了的。购买保险的钱是从投保人的储蓄卡里刷走的，之前有些公司想采用信用卡的方式来收取保费，后来被保监会叫停了，从储蓄卡中刷出去的钱在法律上被默认为是投保人的钱。投保人既然是资金的提供者，自然就享有两大权利：第一个权利是现金价值返还请求权，俗称退保权；第二个权利是现金价值的贷款请求权，俗称保单贷款权。

二、低现金价值的普通年金险的销售

通过学习以下内容，我希望大家能够掌握普通年金型低现金价值的产品如何进行销售。《最高人民法院关于适用〈中华人民共和国保险法〉若干问题的解释（三）》第十七条：投保人解除保险合同，当事人以其解除合同未经被保险人或者受益人同意为由主张解除行为无效的，人民法院不予支持，但被保险人或者受益人已向投保人支付相当于保险单现金价值的款项并通知保险人的除外。为了透彻地理解这一条，代理人需要了解“反介入权”。

当投保人和被保险人不是同一个人的时候，如果投保人的保单面临被法律强制执行的尴尬局面，有一种救济的方式，叫作反介入权。该权利是帮助被保险人/受益人的，但是其大前提是投保人和被保险人不是同一个人。假设A投保了一张理财险保单，B为被保险人，C为身故受益人，当A欠债的时候，A需要解除保单后将现金价值用于还债，但此时保单一旦退保，被保险人就再也拿不到生存金了，身故受益人也不可能在被保险人去世以后得到身故保险金。此时如果被保险人愿意站出来还债（实际情况是，此保单现金价值很低，被保险人觉得出了这笔钱以后得到的生存金能够补偿自己的损失，退掉保单不划算），那么只要他能给债权人等同现金价值的资金，那么法院不应该再强制执行此保单，因为执行的结果也无非是债权人拿到这份保单的现金价值。一旦反介入权行使，相当于被保险人“帮助”投保人偿还了债务，此时保单的退保权和现金价值贷款请求权就应该归被保险人所有。有时候，身故受益人也可以行使反介入权。无论是被保险人还是身故受益人行使反介入权，其成本都是现金价值，因此现金价值越低，反介入权的成本越低（见图7–5）。

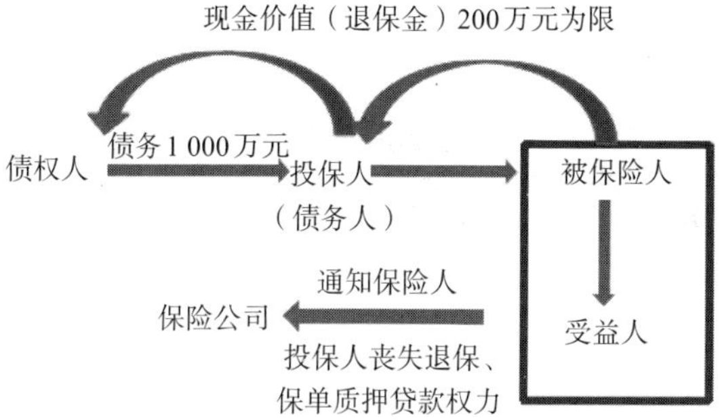

图7–5　反介入权示意图

我们来看看其他国家的规定，从比较法角度看，意大利和德国的态度明确，对投保人的债权人想要介入商业人寿保险给予限制，但不是完全限制。如果债权人提起代位诉讼，为了平衡利益，意大利和德国也规定了商业寿险合同中的投保人、受益人的反介入（取代作为债务人的投保人介入该保单），其实质是平衡保护债权人和债务人的利益，而美国对此持否定态度。日本法的观点争论则更加激烈，既有支持债权人对人寿保险债权介入的案例，又有判决该商业寿险合同利益不作为被执行财产的案例（因投保人年过花甲而宣告被债权人介入的商业寿险具有补充养老年金的作用，所以法院认为其和生存权挂钩）。所以我们不难发现日本法院的态度为，投保人如果无法偿还债务，其债权人可以通过向法院申请，从而代位行使债务人的合同解除权，解除投保人与保险公司签订的寿险合同，进一步请求债务人给付其退保后产生的现金价值。

关于我国《最高人民法院关于适用〈中华人民共和国保险法〉若干问题的解释（三）》第十七条，我用一个例子说明：

> 债权人借了1 000万元给投保人，在借款之前，投保人已经购买了一份保险，假设这份保险每年要交200万元的保费，交完5年以后现金价值是200万元。很多人都认为这是一款性价比很低的产品，如果换成普通年金型保险，只要保费高、现金价值低，那么生存金一定高。假设这个产品的投保人是父亲，被保险人是儿子，受益人是孙子，父亲65岁，儿子45岁，孙子20岁。现在父亲欠债了，法院要来执行这份保单。

北京市高级人民法院和广东省高级人民法院的规定都比较偏向投保人，因此我们假设这件案子发生在浙江省，浙江省高级人民法院会直接告诉父亲：“你把保险退了，如果你不愿意退保，就以拒不执行法院的判决，根据《民事诉讼法》里的条款，裁定书和协助执行通知书会强制扣划财产利益。”

根据《最高人民法院关于适用〈中华人民共和国保险法〉若干问题的解释（三）》第十七条，我国投保人解除合同，在绝大多数情况下，是需要被保险人签字的。

如果是在债权纠纷的情况下，债权人要解除投保人的合同，被保险人是否会同意签字？从理论上来讲，投保人和被保险人在法律上一定有保险利益关系，被保险人肯定不愿意退保，在此种情况下，人民法院是不予支持的。

“但被保险人或者受益人已向投保人支付相当于保险单现金价值的款项并通知保险人的除外。”这句话怎么理解？在实际操作中，债权人如果把保单退掉会不会影响被保险人？因为生存金是由被保险人领取的，而在这个过程中，满足债权人是第一要务，要满足债权人，这份保单就会被退掉，那么被保险人就领不到生存金，被保险人领不到生存金意味着被保险人一笔长期永续的现金流就没有了，而且在被保险人去世以后，受益人也拿不到身故受益金。所以被保险人和受益人一定不会签署这份退保合同。但被保险人或者受益人已向投保人支付相当于保单现金价值的款项并通知保险人的除外。

看一下国外的情况，意大利、法国、加拿大的保险法，还有美国某些州的保险法都有这样一个规定，我先举个例子进行说明，老李给李四买了一份保险，受益人是李四的儿子，因为老李欠张三的钱，这份保单要被执行，但是李四觉得这份保险特别好不想退保，也不希望保单被执行，此时他该怎么做？

老李的保单被执行的是现金价值，现金价值一定是比保费低的。一般情况下，父债子不还，但是执行父亲的这份保单会影响到儿子领取生存金。

此时，李四需要当着法院和老李的面，把200万元交给张三，给张三200万元就意味着李四帮老李代偿了200万元的欠款。

为什么李四要帮老李代偿债务？除了亲情关系以外，还有一点就是因为这份保单被退掉以后，李四的儿子就领不到生存金了，李四因此把这200万元支付了。

老李欠张三1 000万元，李四只还200万元，这是因为李四的目的只是保住这份保单，这份保单被执行以后是200万元，所以在李四的义务范围内，只需出200万元，这200万元就是这份保单的现金价值，因为就算退保还债，债权人拿到的也是现金价值。也就是说，李四甚至他的儿子可以反介入这笔保单，这有利于保护交易原则。

我在前面说过，保费越高，现金价值越低的产品，生存金一定越高。

假设 1 000万元的保费交5年，只有200万元的现金价值，但每年的生存金就有30万元，只要付了这200万元，以后就可以一直领取每年30万元的生存金了，没几年就能领回帮助投保人所偿还的钱。

普通年金，现金价值越低，生存金越高，生存金越高的产品永续的现金流就越高。同时，生存金高，现金价值低的期交产品，对资产隔离有独特的优势，因为就算保单被执行，也可以反介入，并且介入的成本相对较低。

当发生债权债务事故的时候，被保险人就可以替投保人进行代偿。

以200万元的退保金为限，被保险人给投保人200万元，实际是给债权人，因为投保人欠了债权人的钱，同时还要通知保险人。通知保险人的同时，投保人就丧失了这份保单的退保权，用比较通俗的话来说，就是被保险人用了200万元把这份保单的退保权买断了。

根据《最高人民法院关于适用〈中华人民共和国保险法〉若干问题的解释（三）》第十七条，这个规则是非常科学的。因为它体现了《合同法》的保护交易原则，这份保单没有失效，相当于保险公司没有把现金价值从保险公司取出来，没有消灭一份合同，中国的《合同法》是促进交易的，原则是能缔结尽量缔结，能不解除尽量不解除，合同成立的条件是只要有要约承诺，没有违反法律规定的情形就可以了。

我们再来看一下，一些保险公司热销的开门红产品，交三年，第四年、第五年就开始返本，如果是这种产品，按照我说的案例模型来看，被保险人反介入的成本就比较高。如果交保费1 000万元，6年就返本，如果此时老李欠了钱，李四再想反介入就需要1 000万元才能保住这份保单，而1 000万元已经和本金一样了。

根据《最高人民法院关于适用〈中华人民共和国保险法〉若干问题的解释（三）》第十七条，我可以断言，未来保费高、现金价值低、生存金高的期交产品会在资产隔离上起到独特的优势，并且它会热卖，所以千万不要以为保费高、现金价值低的产品不好卖。觉得它不好卖，是因为代理人没有找到其中的卖点。

当理解了这个逻辑我们就会发现，现金价值高未必是好事。从开展业务的过程来看，现金价值越低所交的保费就越高，而代理人所拿到的佣金一定也越高，这就叫作代理人的利益和客户的利益高度统一。

三、疑罪从有与疑罪从无

下面我给大家分析一下文强的案件：

身居高位，生活奢华，文强一家非常注重买保险，先后在四家保险公司花了238万元买保险。公诉人介绍：侦查机关查证，文强在泰康人寿买保险144余万元，在新华人寿买保险28余万元，在平安人寿买保险35万元，在幸福人寿买保险30万元。

2010年4月，重庆市第五中级人民法院对文强进行一审公开宣判。重庆市司法局原党委书记、局长文强因犯受贿罪，包庇、纵容黑社会性质组织罪，巨额财产来源不明罪，强奸罪，数罪并罚被判处死刑，剥夺政治权利终身，并处没收个人全部财产。

庭上，公诉人对文强家数年来的家庭支出及收入进行举证。检方按照重庆当地城镇居民的支出标准，加上文强家的车、房产及儿子出国留学等费用，共计217.78万元。文强认为举证不准确，公诉人当庭宣读了文强的一份口供：我自己吃穿、抽烟、喝酒都不用花钱，烟酒有人送，最大的支出就是嫖娼，共计12万元。

投保人用合法资产购买人寿保险产品，且购买时没有恶意避债或恶意抗拒法院强制执行的违法意愿，法院无权强制解除保险合同并执行保单。

文强一家花了238万元购买了保险，文强被判处死刑并没收全部财产，但是这238万元保险没有被没收。千万不要以为是检察院没有查到，或者认为这笔钱没被执行是因为保险可以不被执行，这也是错误的。

为了分析文强案的保险案例，我先说一个知识点：疑罪从有与疑罪从无。比如，张三口袋里有500元的合法收入，此时张三又抢了别人500元，现在张三的口袋里有1 000元，从这1 000元中随便抽出一张100元，你能否准确地判断出这100元是合法收入还是非法收入？

我国刑事司法体系的基本原则是疑罪从无，即讲不清楚的、没有确凿证据的被视为无罪。为什么是疑罪从无，而不能是疑罪从有？

如果按照疑罪从有来判断，非常容易发生冤假错案，例如警察在抓获犯罪嫌疑人以后，根本无须调查，按照疑罪从有来判断，只要这个嫌疑人不能拿出确凿的证据证明此事与自己无关，他就是罪犯，这显然是不科学的。

除此之外，我国刑事司法体系还有法无明文规定不为罪，法无明文规定不处罚等原则。我们可以举李天一的案件为例，他不仅挥霍无度，而且因为轮奸罪被判刑入狱10年。假使是女性对男性轮奸呢？

曾有一个司法考试题：模特学校有一个男同学特别高傲，面对很多女同学的追求从不理会，一名女同学被惹火了，伙同几个流氓地痞把这个男同学关到小黑屋里，4名女生“轮奸”了这名男同学，请问这种情况犯不犯法？

答案是犯法，但是不犯轮奸罪，因为国家法律没有规定女性对男性的性侵犯属于轮奸罪，所以这种行为最多只能算作非法拘禁。

在文强案中，文强不欠债只是犯了罪，在刑事司法追赃这一环节，所牵涉的财产形态是商业人寿保险时，只有在一种情况下国家才会强制把保险退掉并把钱没收，那就是检察院或者公安、法院、纪委掌握了明确的证据证明购买保险的钱是非法收入，除此之外，不能强制退保。

什么叫作证明购买保险的钱是非法收入？我们可以针对公务员和非公务员两类人群进行讨论。如果是公务员，购买保险的钱就非常好证明，只要买得多，就有巨额财产不明罪的嫌疑，巨额财产不明罪涉及金额30万元就可以立案，也就是说只要资产超过30万元，并且无法说清楚财产来源就被视为非法所得。文强案中，文强作为一名正厅级干部，有合法收入，文强的妻子是一名生意人，也有合法收入，文强的合法收入以及妻子的合法收入只要可以覆盖期交保费，就无法证明文强买保险的钱是非法收入，根据疑罪从无的原则，法院只能认定保险资产为合法收入。

另外，投保人和保险人缔结保险契约，投保人已经把钱交给保险人了，本质上说，保费的所有权已经归保险人所有。任何人如果要把这笔保费“拿出来”，就必须符合法律规定的条件。如果这是非法收入，保险公司就需要承担相应责任，但是如果投保人的“合法收入可以覆盖保费”，那么这在司法上是很难被推翻的。而且保险是“前人栽树，后人乘凉”的合同，最后生存金等后续利益当然可以被被保险人享有。

所以，公务员应当买保险，但是期交保费一定是合法收入能够覆盖的。现在公务员购买保险都要申报，该报就报，没有什么可以担心的，只要你的合法收入可以覆盖期交保费。

我这里做一个总结：非法所得购买保险是不行的，合法收入是大前提。健康险只要不是欠债以后再购买（缔约不行，履约续期保费没有问题），是不会被法院强制执行的。

如果用理财险隔离资产，就一定要注意，理财险是可以被法律强制执行的财产（因为它不和生命价值利益相关）。按照浙江省严格的标准来看，有一个小技巧可以借鉴。执行理财险法院拿走的是现金价值，现金价值是以退保为前提的（《保险法》第十五条规定，只有投保人具有退保权）。那么设想一下，家庭保单的投保人如果不是债务人，会如何？答案是无法执行。举个例子，张总是多家企业的老板和大股东，张太太是一名人民教师，张总买保险的目的是隔离资产，那么夫妻二人谁当投保人合适？答案是他们两个都不合适，因为张总很有可能成为债务人，张太太的职业使她不容易成为债务人，但是夫妻债务是连带的。所以理想的投保人应该是张总和张太太的父母，以及他们成年的儿子（未成年人不能当投保人）。而且从实务角度来看，如果选择的是双方父母当投保人，在双方父母的合法收入不能覆盖这笔保费的情况下，如果已经有负债的预兆，钱也不建议经转账给到父母，而是应该给父母现金，这样做会更加保险。当然如果双方父母中被选为投保人的那一方很有钱，可以覆盖保费，那就另当别论了。

在实务中，如果父母为子女购买的保险，父母还没有缴完保单约定年限的保费就去世了，子女想把这份保单的投保人变成自己，需要提供死亡父母一方的所有继承人的签名，如果继承人不同意，保险公司就会把这份保单的现金价值分给死者的所有继承人。人们处在满巢期后期，在隔离资产的时候，很大概率会选择父母当投保人，而此时父母年纪较大，因此投保时必须考虑这个问题。我建议，当投保人年龄过大的时候，投保人一定要写一份遗嘱，并写上保单号，说明自己的遗愿是帮自己的子女购买一份保险，自己去世以后卡里的钱继续用于子女缴保费，然后把续期保费的钱全部存在缴保费的卡上。如果自己死亡之前没有履行完期交保费的义务，子女（被保险人）凭借遗嘱和银行卡，可以要求保险公司每年继续扣款，也可以凭借此遗嘱把投保人改成自己。

特别提示，年金保险一旦开始领取，现金价值就变为零，一旦领取之后，法院就“执行不能”了。执行不能和不能执行是两回事，不能执行的是健康险，执行不能的意思是可以执行，但是无法执行，因为现金价值已经为零，退保没有任何意义。

还有一个问题：一个客户选错了投保人，还可不可以改？改投保人可不仅是一种保全行为，而且意味着投保人转移了保单贷款权，也转移了现金价值返还请求权（一旦退保以后，投保人就享有现金价值返还请求权）给别人，这是财产权的转让。客户可以逃避债务随便转移自己的财产吗？当然不行！

《合同法》七十四条：因债务人放弃其到期债权或者无偿转让财产，对债权人造成损害的，债权人可以请求人民法院撤销债务人的行为。债务人以明显不合理的低价转让财产，对债权人造成损害，并且受让人知道该情形的，债权人也可以请求人民法院撤销债务人的行为。

撤销权的行使范围以债权人的债权为限。债权人行使撤销权的必要费用，由债务人负担。

《合同法》七十五条：撤销权自债权人知道或者应当知道撤销事由之日起一年内行使。自债务人的行为发生之日起五年内没有行使撤销权的，该撤销权消灭。

代理人利用以上两个法条的营销思路应是：你如果欠债了，

立刻修改理财险的投保人，这可以吗？答案是不可以，你会被追溯。多长时间后可以改呢？至少一年以内不能负债，最安全的情况是5年以上。当然从保单设计的角度来讲，一开始选对投保人是最安全的。一言蔽之，不能让最有可能成为债务人的人及其配偶，当以隔离资产为目的的理财险的投保人。

附录 1

浙江省高级人民法院关于加强和规范对被执行人拥有的人身保险产品财产利益执行的通知

浙高法执〔2015〕8 号

本省各级人民法院执行局:

近年来，随着资金理财化倾向明显，加上我省法院通过“点对点”网络查控系统查询、冻结被执行人的银行存款越来越便捷、有效，不少被执行人转而的购买具有理财性质的人身保险产品。为加强和规范对此类人身保险产品的执行，现就有关问题通知如下:

一、投保人购买传统型、分红型、投资连接型、万能型人身保险产品、依保单约定可获得的生存保险金、或以现金方式支付的保单红利、或退保后保单的现金价值，均属于投保人、被保险人或受益人的财产权。当投保人、被保险人或受益人作为被执行人时，该财产权属于责任财产，人民法院可以执行。

二、各级法院应加强对被执行人拥有人身保险产品的查控，保险机构负有协助法院查询、冻结、处置被执行人拥有的人身保险产品财产利益的义务。

三、人民法院要求保险机构协助查询、冻结、处置被执行人拥有的人身保险产品及其财产利益时，执行人员应当出具本人工作证和执行公务证，并出具执行裁定书、协助执行通知书（样式附后）等法律文书。

四、保险机构对人身保险产品财产利益的协助冻结内容，既包括不允许被执行人提取该财产利益，也包括不允许将保单约定有权获得该财产利益的权利人变更为被执行人以外的第三人，或对保单约定的红利支付方式进行变更，执行法院应在协助冻结通知书中载明要求协助的具体内容。

五、人民法院要求保险机构协助扣划保险产品退保后可得财产利益时，一般应提供投保人签署的退保申请书，但被执行人下落不明，或者拒绝签署退保申请书的，执行法院可以向保险机构发出执行裁定书、协助执行通知书要求协助扣划保险产品退保后可得财产利益，保险机构负有协助义务。

六、保单尚在犹豫期内的，保险产品退保后，人民法院可执行被执行人缴纳的保险费。

超过犹豫期未发生保险事故的，只能执行保单的现金价值，负有协助义务的保险机构应当根据相关法律法规的规定和保单的约定计算确定保单的现金价值，提供给执行法院。

七、保险机构没有正当理由拒绝履行协助执行义务的，执行法院可依据《中华人民共和国民事诉讼法》第一百一十四条的规定对相关保险机构采取民事制裁措施。

本通知执行中有何问题，请及时报告我局。

浙江省高级人民法院执行局

2015年3月6日

附录2

中国人寿保险股份有限公司丰润支公司、李长朋借款合同纠纷执行审查类执行裁定书

唐山市中级人民法院执行裁定书

（〔2016〕冀02执异481号）

异议人：中国人寿保险股份有限公司丰润支公司，住所地丰润区团结路9号。

负责人：裴冬梅，该公司经理。

委托代理人：杨猛，中国人寿保险股份有限公司唐山分公司法律顾问。

申请执行人：李长朋，男，1988年2月20日生，汉族，住唐山市丰润区。

委托代理人：何全纯，河北腾邦律师事务所律师。

被执行人：常洪伟，男，1976年7月1日生，汉族，住唐山市曹妃甸区。

被执行人：朝阳明鑫铸造有限公司，住所地辽宁省朝阳市喀左县中三家镇中三家村。

法定代表人田翠玲，该公司经理。

被执行人：田翠玲，女，1964年10月4日出生，汉族，住朝阳。

被执行人：李长城，男，1964年11月8日出生，汉族，住址同上。

在本院执行李长朋与常洪伟、朝阳明鑫铸造有限公司、田翠玲、李长城借款合同纠纷一案过程中，异议人中国人寿保险股份有限公司丰润支公司向本院提出书面异议，本院受理后，依法组成合议庭进行审查，现已审查终结。

异议人中国人寿保险股份有限公司丰润支公司称：1.人寿保险合同不能作为强制执行的标的。2.投保人与保险公司的关系是人寿保险合同关系并非储蓄合同关系，投保人缴纳的保费不同于银行存款。因此保费不能像银行存款一样进行执行。3.保单的现金价值并非到期债权，而是在合同解除的情况下，投保人所享有的权利。投保人取得保单现金价值的前提是保险合同的解除。在合同尚未解除的情况下，异议人并不负有向投保人支付保单现金价值的义务。4.此次被执行的款项不仅是一笔金额，而是异议人对客户承担的保险责任。

申请执行人李长鹏辩称：1.丰润区法院做出的〔2016〕冀02执9779号协助执行通知书系依法做出的执行行为，而不是执行强制措施。2.人寿保险合同可以作为强制执行的标的。人寿保险合同的财产权益，一是投保人可退保获取现金价值，二是受益人可获得保险金。被执行人田翠玲、李长城投保的人寿保险不仅可以查封、冻结，而且可以对保险合同的现金价值依法提取。

经查，李长朋与常洪伟、朝阳明鑫铸造有限公司、田翠玲、李长城借款合同纠纷一案，唐山市丰润区人民法院于2016年4月28日做出〔2015〕丰民初字第4086号民事判决书，判决被告田翠玲于本判决生效后5日内偿还原告李长朋借款本金500万元……被告朝阳明鑫铸造有限公司、李长城、常洪伟对上述借款及利息承担连带偿还责任。进入执行程序后，因被执行人常洪伟、朝阳明鑫铸造有限公司、田翠玲、李长城未能履行生效法律文书所确定的义务，本院于2016年8月17日做出〔2016〕冀02执9779号执行裁定书，裁定提取被执行人田翠玲、李长城在中国人寿保险股份有限公司丰润支公司款项。并向中国人寿保险股份份有限公司丰润支公司送达了协助执行通知书要求该公司协助提取被执行人田翠玲、李长城在中国人寿保险股份有限公司丰润支公司投保人的款项444 734.26元。异议人中国人寿保险股份有限公司丰润支公司对此不服，向本院提出异议。

另查，被执行人田翠玲、李长城共向异议人中国人寿保险股份有限公司丰润支公司投保了40份保险，缴纳约1 000万元保费，所投保的保险性质包括分红型、××型和养老型。

本院认为，投保人向保险公司所购买的保险产品，或依保单约定可获得的保险金，或以现金方式支付的保单红利，或退保后保单的现金价值，均属于投保人、被保险人、受益人的财产权。当投保人、被保险人、收益人作为被执行人时，该财产权属于责任财产，人民法院可以执行。故执行法院可以对被执行人田翠玲、李长城在中国人寿保险股份有限公司丰润支公司所投保的保险的相关款项予以执行。依据《中华人民共和国民事诉讼法》第二百二十五条和《最高人民法院关于人民法院办理执行异议和复议案件若干问题规定》第十七条第（一）项之规定，裁定如下：

驳回异议人中国人寿保险股份有限公司丰润支公司的异议请求。

如不服本裁定，可自本裁定送达之日起十日内向河北省高级人民法院提起复议。

审判长　杨福东

审判员　刘玉秋

代理审判员　樊玲玲

二〇一六年十一月八日

书记员　刘月

（本案例揭示了理财类保险可以被强制执行的情况。）

附录3

虞春燕、黄友录等与虞春燕、黄友录执行裁定书

温州市中级人民法院执行裁定书

〔2014〕浙温执复字第36号

申请复议人（被执行人）虞春燕。

申请复议人（被执行人）黄友录。

申请执行人陈敏。

申请复议人虞春燕、黄友录不服瑞安市人民法院（下称执行法院）〔2014〕温瑞执异字第45号执行裁定书，向本院申请复议，本院受理后依法组成合议庭进行审查，该案现已审查终结。

执行法院查明，2007年10月、2009年6月、2010年9月、2011年4月，虞春燕、黄友录陆续与中国平安人寿保险股份有限公司温州中心支公司签订了七份保险合同：保单号

p12000001869515，投保主险智盈人生，附加寿险智盈重疾，投保人虞春燕，被保险人虞春燕，受益人法定，年交保费 6 000 元，交费年限终身，保险期间终身。保单号 p12000002144374，投保主险世纪赢家，附加寿险赢家重疾，附加寿险智盈重疾，投保人虞春燕，被保险人黄贝贝，生存保险金受益人黄贝贝，身故保险金受益人法定，期交保费 12 000 元，交费年限终身，保险期间终身。保单号 p12000000214530，投保主险智盈人生，附加寿险智盈重疾，投保人虞春燕，被保险人黄友录，生存保险金受益人黄友录，身故保险金受益人法定，年交保费 6 000 元，交费年限终身，保险期间终身。保单号 p12000002148437，投保主险幸福 a04，投保人虞春燕，被保险人虞春燕，身故保险金受益人黄贝贝，年交保费 575 元，交费年限 20 年，保险期间 20 年。保单号 p12000006803267，投保主险世纪天使，附加长险天使重疾，投保人虞春燕，被保险人黄纤羽，生存保险金受益人黄纤羽，身故保险金受益人虞春燕，年交保费 14 698.93 元，交费年限 20 年，保险期间终身，该保单已产生生存保险金 12 000 元及利息 33.12 元。保单号 p12000007129030，投保主险智盈人生，附加寿险智盈重疾，投保人黄友录，被保险人黄友录，受益人法定，年交保费 6 000 元，交费年限终身，保险期间终身。保单号 p12000007129029，投保主险智盈人生，附加寿险智盈重疾，投保人黄友录，被保险人虞春燕，受益人法定，年交保费6 000元，交费年限终身，保险期间终身。2013年6月24日，执行法院做出〔2013〕温瑞执民字第4403号裁定书，冻结虞春燕、黄友录所投保险的现金价值。2013年10月10日，执行法院做出〔2013〕温瑞执民字第4403-2号裁定，扣划被执行人虞春燕、黄友录所投保险的现金价值及生存金，并向保险公司发出协助执行通知书，保险公司提出执行异议，因证据问题自行撤回，后于2013年10月24日根据要求将保单现金价值及生存金共计161050.47元汇入执行法院指定账户。此前，前述保险合同交费正常。另查明，虞春燕与黄友录于2001年4月28日结婚，婚生一女一子，分别为黄纤羽和黄贝贝。

执行法院认为，申请人与保险公司签订的七份保险合同，属于储蓄或投资型保险合同。在保险事故尚未发生时，储蓄或投资型保险合同的财产权益内容为投保人即执行异议人的财产。根据《保险法》的相关规定，除本法另有规定或者保险合同另有约定外，保险合同成立后，投保人可以解除合同，保险人不得解除合同。因此，投保人享有法定的任意解除权。执行异议人身负执行债务，在其能够解除而不愿自行解除保险合同的情况下，为充分保护债权人的合法权益，本院要求保险公司协助将保单所体现的现金价值进行扣划，符合法律规定。在保单号p120000006803267

项下产生的生存受益金12 000元及其利息33.12元，根据合同约定属案外人黄纤羽所有，应退回到中国平安人寿保险股份有限公司温州中心支公司。驳回执行异议人黄友录、虞春燕的其他异议请求，对此，异议人不服，向本院申请复议。

申请复议人虞春燕、黄友录称：1.原审法院将申请人所投保险的现金价值进行扣划，侵犯了保险合同当事人权益。申请人以自己或家人的生命、健康作为保险利益，分别于2007年、2009年、2010年、2011年与中国平安人寿保险股份有限公司（以下简称平安人寿保险公司）签订了七份保险合同，该保险是为了保障被保险人的身体和生命利益，该利益与身体健康不可分割，具有很强的人身依附属性。执行法院对保险单的现金价值进行扣划必将导致该七份保险合同自动解除，使受益人无法再向保险公司索要保险金。2.申请人所投的七份保险合同并非属于储蓄或投资型保险合同，其现金价值不是申请人的储蓄或投资，原审法院强制扣划没有法律依据。保单的现金价值是申请人对保险公司所享有的一种可期待的债权，保险合同解除前，保单的现金价值作为保险费的一部分归保险公司所有，申请人对保单的现金价值享有期待权，不享有保单现金价值请求权，债权未到期，执行法院不能强制执行。综上，请求本院依法变更〔2014〕温瑞执异字第45号执行裁定书。

复议查明的事实与执行法院查明的事实一致，本院予以确认。

本院认为，复议人虞春燕、黄友录于2007年、2009年、2010年、2011年与平安人寿保险公司签订的七份保险合同，以被保险人的身体健康与疾病为投保内容，属于人寿保险范畴，具有人身保障功能。法院强制执行该保单的现金价值将会危害被保险人的生存权益。因此，该类人寿保险不宜强制执行。综上，申请复议人复议理由成立，本院予以支持，执行法院认定该保险为储蓄或投资型保险合同，并据此扣划该保单现金价值不当，予以纠正。依据《中华人民共和国民事诉讼法》第二百二十五条和《最高人民法院关于适用〈中华人民共和国民事诉讼法〉执行程序若干问题的解释》第八条、第九条的规定，裁定如下：

一、撤销执行法院〔2013〕温瑞执民字第4403-2号裁定。

二、依据〔2013〕温瑞执民字第4403-2号裁定扣划的保险现金价值及生存金退回中国平安人寿保险股份有限公司温州中心支公司。

本裁定书送达后立即发生法律效力。

审判长陈成荣代理审判员吴延学代理审判员汝明钰

二〇一四年八月二十五日

书记员　陈素

（由于本案例中的保险产品体现了生存利益，

因此不宜被强制执行。）